O TROVADOR
AS 300 POESIAS QUE IRÃO MUDAR SUA VIDA

Editora Appris Ltda.
1.ª Edição - Copyright© 2024 do autor
Direitos de Edição Reservados à Editora Appris Ltda.

Nenhuma parte desta obra poderá ser utilizada indevidamente, sem estar de acordo com a Lei n° 9.610/98. Se incorreções forem encontradas, serão de exclusiva responsabilidade de seus organizadores. Foi realizado o Depósito Legal na Fundação Biblioteca Nacional, de acordo com as Leis n°s 10.994, de 14/12/2004, e 12.192, de 14/01/2010.

Catalogação na Fonte
Elaborado por: Dayanne Leal Souza
Bibliotecária CRB 9/2162

D812t
Duarte, Douglas Lacedijon
O trovador: as 300 pessoas que irão mudar sua vida / Douglas Lacedijon Duarte. – 1. ed. – Curitiba: Appris, 2022.
303 p. : il. ; 23 cm.

ISBN 978-65-250-6865-7

1. Poema. 2. Amor. 3. Experiências de vida. I. Duarte, Douglas Lacedijon. II. Título.

CDD – B869.91

Editora e Livraria Appris Ltda.
Av. Manoel Ribas, 2265 – Mercês
Curitiba/PR – CEP: 80810-002
Tel. (41) 3156 - 4731
www.editoraappris.com.br

Printed in Brazil
Impresso no Brasil

Douglas Lacedijon Duarte

O TROVADOR
AS 300 POESIAS QUE IRÃO MUDAR SUA VIDA

Appris editora

Curitiba, PR
2024

FICHA TÉCNICA

EDITORIAL	Augusto V. de A. Coelho
	Sara C. de Andrade Coelho
COMITÊ EDITORIAL	Marli Caetano
	Andréa Barbosa Gouveia (UFPR)
	Edmeire C. Pereira (UFPR)
	Iraneide da Silva (UFC)
	Jacques de Lima Ferreira (UP)
SUPERVISORA EDITORIAL	Renata C. Lopes
PRODUÇÃO EDITORIAL	Daniela Nazario
REVISÃO	J. Vanderlei
	Douglas Lacedijon
DIAGRAMAÇÃO	Amélia Lopes
CAPA	Douglas Lacedijon
REVISÃO DE PROVA	Lavínia Albuquerque

AGRADECIMENTOS

Tangencio do mais profundo âmago de minha alma, essa abstração que tão somente pode ser sentida e compreendida ao experimentada – o cálice da gratidão. A todas as criaturas do nosso planeta, indistintamente, assim como ao próprio Planeta Terra, a nossa mãe, a nossa casa, o nosso lar, o lar da nossa família, a humanidade.

Esta obra é dedicada ao leitor.

PREFÁCIO

Em meio a epifanias e devaneios, absorto e ao mesmo tempo mergulhado em profundas abstrações, o autor intenciona, ou ao menos busca extrair o máximo da contemplação do mundo, não tão somente em sentido literal, opaco, concreto, no entanto, percorre por uma compreensão mais alargada e até mesmo não vislumbrada, experienciada ou contemplada pela imensa maioria de nós seres humanos ansiosos, estressados e depressivos ante suas próprias idiossincrasias e concupiscências, apontando ou sugestionados a abalizar as próprias pessoas como, possivelmente, causadoras, ou a causa aparente de suas aflições internas.

Destarte, a concepção de mundo tende, para não ser extremista ou radical, variar de um indivíduo para outro, contudo, o autor, em suas trovas, versos, poesias e rimas, busca percorrer mundos talvez ainda não pensados, imaginados, ou, ainda mais, vistos de uma forma que outros universos ainda não o viram.

Pois o mundo de cada indivíduo não é exatamente um corpo de forma esférica, em sua grande maioria azul e que gira ao entorno de uma estrela, o mundo de cada ser trata-se daquilo que ele é, da sua cosmovisão ou visão do cosmos, do universo, da vida e de si mesmo, por que não?

Ante profundas e reflexivas histórias, mitologias e contemplações existenciais, a poesia emite sua própria alma àquele que não somente a lê, entretanto, a estuda e reflete em sua profunda significância retirando o mais puro mel de sua exegese – é uma metáfora, sou herbívoro. Trata-se exatamente disso, descrevendo-me, concorrentemente, descrevo o meu mundo, ou seja, aquele mundo abstrato que toda humana criatura possui esotericamente através de seus complexos meios existenciais.

Trazendo à lume com a luminescência que belos vagalumes azuis originam em meio à escuridão víscida, todos esses seres os quais o autor lhes dera vida, retirando-os da abstração e plasmando-os de fato e em verdade, possuindo o escopo de abrilhantar, trazendo alguma luz, mesmo àqueles que não estão a buscar, entretanto, chegaram ou estiveram por aqui devido à causalidade ou casuística.

Em epítome, esta obra poética trata de aferir os fundamentos humanistas ou humanizadores daquela criatura a qual perscruta pela condição humana, ainda como seres muito animalizados que somos, sem ofensa aos magníficos e surpreendentes animais dos quais sou um mero admirador e contemplador de suas feições e atos. O fato é o abissal descontrole emocional que sobrepuja os pensamentos claros e o raciocínio límpido da esmagadora maioria dos seres humanos, sem o intuito de generalizar, é claro, nesta arte, no exato instante em que generalizamos deixamos de ser pensadores e passamos a ser não apenas, mas mero repetidores ou imitadores.

O autor perscruta por esquadrinhar em suas poesias os mundos existencialistas os quais encontra-se imersos o indivíduo classificando e demonstrando não somente o físico, assim como o emocional e o mental, o previsível e o imprevisível, o concreto e o abstrato, o narrável e o inenarrável, sem fugir da condição evolucional da qual encontra-se submersa a humanidade atual.

Escalando quase todas as vertentes e possibilidades das quais o homem pode trilhar dentro de sua própria concepção humanista, e, principalmente, em sua relação com o próprio planeta em que habita, assim como seu convívio com a humanidade e suas relações interpessoais, buscando realçar, clarificar um novo olhar impessoal, uma nova maneira de enxergar a si próprio, a vida e o existencialismo vertical e horizontal. Destarte, é dentro dessa capacidade ou a exímia capacitação que a criatura pode alterar o seu meio e consequentemente as condições em que habita em um planeta que, como é perceptível a quaisquer crianças, ainda não o sabe lidar com ele, intencionando e altercando um meio ou uma rota de fuga para cima, pois de tão jovial a espécie que não demonstra possibilidades em encontrar uma resolução horizontal para sua própria celeuma.

As poesias podem ser vistas, visualizadas, entendidas e subentendidas de infinitas formas, nesta arte, elas não são e não estão estáticas de sorte que alteram-se de acordo com cada olhar, ou seja, a poesia é para cada indivíduo o que ele realmente é em si mesmo.

Poesia, no sentido genérico do grandioso espírito adequado do poema, que é vivo, está vivo, e por que não estaria? A poesia é a vida vivida e demonstrada em suas mais diversas formas e é a exegese de cada consciência que a transforma, pois, transformando a poesia vós transformais a vida, transformando a vida vós transformais a poesia, em uma condição e altercação imprevista, pois é o espírito dela é que a vivifica, e por que não teria espírito a poesia? Quando vós bebeis da seiva de uma planta estais a compartilhar com o espírito da mesma, assim é a poesia, viva e hodierna.

E se vós me perguntais o porquê, qual a razão das trezentas poesias, eu sutilmente vos declamarei que trezentos é um número de força cabalística, não fora ao acaso que em Athenas na Grécia Antiga foram selecionados trezentos dos melhores e mais exímios soldados para defender o seu povo do sombrio e nebuloso império persa. Claro que esta analogia está sendo utilizada como metáfora, de sorte que a verdadeira batalha do humano é interna, ocorre dentro do mais profundo âmago do teu ser, na humana alma, entretanto, digo-vos e assevero-vos mais que não é necessário ser um especialista em psiquê, basta a criatura tentar ser humana para entender que esta luta ocorre diariamente e quando digo-vos diariamente não abstenho-me ao período diurno, não, ela dá-se nas vinte e quatro horas em que o inquilino do corpo encontra-se hospedeiro do mesmo.

Contudo, em classificação exotérica, dada tamanha importância da criatura humana, pois quem à criou devido à sua magnitude não a criaria com menor importância, esta batalha perene ocorre nos três mundos aos quais o humano encontra-se insurgido, ou seja: o mundo físico, o qual dá-se diariamente por meio do seu veículo físico, o seu corpo, tendo de vencer as vontades espúrias as quais denigrem o templo do morador interno, sendo uma delas a alimentação, que não seria desnecessário reforçar à mente concreta do ser humano tal importância, não ao acaso a existência de efemérides tais como: você é o que você come. Poderá transparecer trivial e não complexo quanto à experiência teórica, entretanto, quando partida para o campo de batalha a conversa muda fatalmente de sentido, não faz-se necessária uma excelente acuidade visual para se verificar este aspecto, porquanto, para negá-la sim, ou seja, aquele ser que percebe a nega veementemente.

A outra batalha a qual faz parte da existência contínua do humano é o mundo emocional, são as emoções humanas, uma vez que derrotado nesse mundo, plano ou dimensão o homem poderá correr o risco de perder sua própria vida, o que não é diferente em qualquer um dos três mundos aos quais ele existe. O descontrole de seu veículo ou corpo emocional, o qual consubstancia-se no conjunto de suas emoções e sentimentos metaforicamente classificados como o coração sendo o centro das emoções, não passa de uma vulgar e infantil assimilação, destarte, o corpo emocional do humano pode ser, assim como é, análogo ao corpo ou veículo físico, de sorte que este é abstrato, materializando-se no mundo físico por meio dos atos ou das ações do ser humano, podendo este evoluir de igual modo, aclarando-se e abrolhando-se como uma flor de lótus abrindo-se em meio ao pântano sujo e movediço, não interferindo na sutil e singela beleza caricata da mesma. Alguns homens são mais evoluídos emocionalmente que outros, no entanto, não cabe a nós este julgamento, cabe a ocupação da evolução própria de cada um, assim como veremos a seguir no terceiro mundo, do qual faz parte o humano.

 O terceiro e último mundo, o universo, plano ou dimensão, abstraia de acordo com a vossa intenção, que encontra-se, diferentemente separado de forma didática e apreensiva, no entanto, os três são o um, fato que a interferência em qualquer um dos três pode causar, assim como causa, efeito em qualquer dos outros dois, é o mundo mental, ou seja, a mente humana, trabalho este que deve ser realizado continuamente pelo ser humano. A troca de pensamentos, a exclusão de pensamentos inferiores por superiores, o controle emocional para que não interfira em teus pensamentos criando uma nuvem turva e acinzentada que impede que o homem pense com clareza, interferindo em sua evolução como criatura humana. Sem nos referir aqui a respeito do mundo físico, de igual modo, a depender do que ingere ou insere no veículo físico, o mundo mental assim como o emocional do homem transforma-se e altera-se substancialmente de forma e afeição, podemos citar por exemplo os estimulantes caracterizados nesse mundo dual como excitantes lícitos e ilícitos, ou seja, os que geram tributos e os que não o geram, clarificando tamanha importância evolutiva da criança humana. Destarte, a característica de pensar ou buscar raciocinar de forma negativa ou contrária a estes preceitos explícitos na vida diária do homem, por si só destaca-se o seu nível ou grau evolutivo e o apego às classes baixas ou inferiores da matéria. E, encontrando-se uma vez a criatura humana com seu pés imersos na lama, no lodo, no lodaçal, para alhear forças no sentido de arrancar-lhe daquela situação, agora vós podeis compreender quais são as três batalhas as quais estais vós inserido, trata-se de uma luta de Titãs, um verdadeiro duelo entre si mesmo, e como está explicitamente percebido como duelo, podem haver duas opções nessa batalha interior, permanecer ou não permanecer, a vitória ou a derrota.

 É justamente este o cerne do qual este arcabouço de armistícios poéticos busca trazer-lhe, ó incansável perscrutador da verdade, não com a violência dos braços, entretanto, como a sutileza de um sopro de sabedoria aos ouvidos daqueles que estão abertos a buscar o aperfeiçoamento próprio e comum da uma unidade, pois é justamente isso, ó homem, que tu levas daqui deste maravilhoso planeta o qual concede-nos a oportunidade de alçarmos planos superiores em direção à luminescência luminosidade da Luz que ilumina nossas existências, nos três mundos.

Contudo, a obra depara-se subdivida não de uma forma didática ou infantil por capítulos os quais deixariam claro essa subdivisão, porém, o leitor atento perceberá a sutileza na mudança dos ritmos e tempos, assim como dos temas que são vários entranhados nos entranhamentos pujantes deste trabalho poético que declama sobre e distintamente, buscando a voz da verdade, da veridicidade interna do indivíduo como pessoa, assim como, o indivíduo como meio inserido na coletividade.

Exemplos estes, que poderiam ser classificados, apesar do autor buscar fugir às classificações, contudo, em que pese o teor didático e maior abrangência compreensiva para indefinidas faixas etárias, o leitor poderá perceber assim como perceberá as afáveis extrações do mundo do amor; sutis materializações dos aspectos das paixões humanas; versáteis declarações condizentes às polis; assim como à política; não ficaria de fora o sistema da humana e infantil criatura armamentista, ou seja, as excêntricas brincadeiras de guerras; no que tange de igual modo e digo-vos principalmente, ao autoconhecimento, essa poderosíssima ferramenta utilizada pelos poucos; referências pujantes e diretas ao sistema o qual está inserida a vida no planeta; também as mais belas, veementes e singelas declarações de amor pela Mãe Terra; conjugações sobre os intrínsecos aspectos do nosso sustentáculo, a natureza; não deixaria de destacar os temas das mais variadas relações interpessoais; e é claro, nítido e obvio que um poeta que verdadeiramente assume-se como poeta não abster-se-ia em ponderar sobre as flores, seus cheiros e sabores; como ser humano que é não extrairia do contexto de suas interpelações conjugadas em suas estrofes, versos e rimas a própria e tão estimada família; de igual forma o leitor leigo ou veterano poderá encontrar nestas subsequentes poesias alusões diretas ou indiretas à própria conceituação do Criador, da criatura e, consequentemente, da criação não o fazendo explicitamente, no entanto, deixando esta tarefa a cargo do intérprete, ciente de que um livro pode conter diversas facetas a depender de quem é o leitor que está por detrás do mesmo; também não fugiria a um dos aspectos talvez tão esperados e buscados por quase todos, o romance, de sorte que a boa parte dos seres está em busca de outras aparências exteriores, o materialismo, que, como se vê, deixou de ser ocidental; o poeta jamais poderia deixar de falar o sobre um de seus amores, utilizando-se da metalinguística, este bardo engaja a poesia para ponderar a respeito da própria poesia, sendo um dos primeiros louvores do conjunto arquitetônico desta obra; o tempo, ah o tempo não poderia ficar de fora jaz a importância do mesmo, nesta arte, ele exige-nos respeito e disciplina, encontramo-nos adstritos ao mesmo, nas entrelinhas percebemos referências ao passado, presente e o futuro; bom, outras vestes das quais estão vestidas estas tremulantes poesias, aventa-se do indumento do caráter, da moral e da ética; como versado anteriormente em relação à moral, o direito não encontra-se distante da mesma, ou seja, a moral e a lei andam lado a lado um não podendo ultrapassar a barreira do outro, são as leis sobre as poesias e as poesias sobre as leis; no entanto, além das poesias demonstrarem ou escancararem os efeitos das leis artificiais, elas também, sobrepujam as Leis Naturais, estas as quais, diferentemente das leis dos homens, são implacáveis.

A obra busca realçar o dois lados da vida humana, uma das Leis Naturais que encontra-se escancarada neste mundo é a dualidade, esse universo é dual em todos os seus aspectos, desde o micro quanto ao macrocosmos. Ou seja, ao leitor experiente, aqueles poucos que alcançam alçar voo até o final da jornada, independentemente, das condições emocionais, favoráveis ou adversas, encontrará ora o perfume da rosa, ora seus espinhos, cabendo à sua consciência interpretar ou debelar o conhecimento que poderá ser adquirido através da alma de um livro, unindo-se a alma do conhecimento à alma do leitor, e isso com uma única finalidade, sabedoria.

E nós, seres humanos temos ciência de que a sabedoria é um valioso tesouro, quiçá, o maior de todos os tesouros, havendo situações em que reis suplicaram, rogaram pela mesma, entretanto, ela não pode ser comprada ou adquirido através do vosso pecúlio, da arrogância, da ignorância, da altivez e menos ainda da imposição, a sabedoria é lapidada assim como a obra de arte nas mãos do artesão, e aos poucos, com correções, revisões, coerência e principalmente, persistência.

Um sábio jamais declarar-se-á com sendo um, destarte, ele possui a transparente consciência de que ela, a sabedoria, é uma busca eterna.

Este é o intuito final desta pequena e singela obra, colaborar com a lapidação de cada criatura que obtiver acesso à ela, sabedores da inexistência do acaso neste mundo, pois as Consciências que o criaram não deixaram brechas para estas condições, o acaso, trata-se trivialmente da incapacidade humana de interpretação concomitante dos fatos, com raras exceções, podemos vislumbrar a solução ou fundamento do mesmo após os acontecimentos dos fatos ou eventos se darem.

Após sua peregrinação solitária pela Índia, Nepal e Egito em busca de respostas para a significação existencial própria e humana, o autor considera que jamais retornará a ser o mesmo depois que embarcou somente com sua mochila de costas como eremita nessa busca, não deixando aqui de exarar uma das características da perscrutação pela verdade, a dor, sim meu nobre amigo, ela vem. E o que devemos nós fazer quando nos depararmos com a mesma? Senti-la, e não evadir-se de alguma forma buscando subtrair sua eficácia por meio de subterfúgios dada tamanha capacidade de transmutação da dor que está por detrás da verdade.

Por isso, sente-se em sua cadeira confortavelmente e segure-se para esta viagem que irá mexer com seus órgãos interiores, debulhando vossas idiossincrasias e as críticas mais horripilantes e profundas dado tal impacto o qual poderá provocar-lhe as forças contempladas nesta obra, se porventura, conseguires chegar até a reta final receberás a medalha do conhecimento, caso contrário cada Consciência somente conseguirá chegar aonde ela tiver a capacidade para ir.

Não desanimes, pois, o autor tem consciência que ela adentrará no mais profundo recôndito escondido do vosso ser a mexer-te por dentro e questionar-te-á: olá, tem alguém aí? E se houver, ela retornará com a mão esquerda novamente a questionar-te: o que é você? Estas, são algumas das questões levantadas pelos segredos mais ocultos da efígie a qual concentra-se em si mesma três animais sendo o quarto a criatura humana com o seguinte dilema: decifra-me ou devoro-te! Quando ela oferece-lhe as três indagações existenciais: Quem és? De onde vens? Para onde vais?

A poesia é vida e a própria vida em si é uma poesia. É com esta significância a qual responde a muitas indagações, inclusiva aquela de que alguns pensadores gostam tanto de questionar: O que é a vida? Desta feita, a obra, utilizando a vida como o principal instrumento da poesia, a recíproca sendo verdadeira, utilizando a poesia como a basilar ferramenta para a vida, confecciona em suas entrelinhas questionamentos até então não pensados por essa bela e magnífica arte a qual foge-me adjetivos para sublinha-la, a poesia. Que é indescritível com arte que é, sendo que somente após confeccionada é que ela ganha vida, inspira e expira, o teu alento a todo aquele que tem a porta da mente aberta à sua lança a qual fere teus inimigos mais internos e obscuros escondidos por ti mesmo, pois em ti imperas o medo, isso mesmo, o medo de verdadeiramente enxerga-los e combate-los com a coragem, e a espada da sabedoria.

A obra não abarca ou acompanha conceitos, dogmas ou paradigmas, ou seja, perscruta a todo instante ficar isenta da cosmovisão individual de cada individualidade, quando muito, ela questiona-o para que vós mesmos alcancem a conclusão de suas respostas, óbvio que a mesma indagação retornará com as mais imprevisíveis respostas, a depender da consciência a qual está a absorve-la em teu seio. Em mundo dual a representatividade do objeto não possui tanta magnitude quanto aquele que está a manuseá-lo, por isso, um instrumento contundente dependerá de quem estará disposto a utilizá-lo, assim como, de qual forma aquele instrumento será por ele utilizado, por isso, somos bilhões de organismos, individualidades, células, universos, enfim, diferentemente um dos outros, aproveitando uns aos outros para a evolução consciente.

Um livro nas mãos de um estudante poderá ser uma ferramenta da mais exímia valia tanto para o seu presente como para o seu futuro, contudo, o mesmo livro nas mãos de um ébrio tornar-se um livro e nada mais, ele olhará com os olhos de lado e consequentemente resmungará: Onde está o meu copo?

Deve-se ter muito cuidado com um livro, destarte, as ideias, os ideais que são minuciosamente magnetizados e reunidos no mesmo possuem uma extrema capacidade de transmutar a vida de uma criatura pensante ou que pelo menos busca pelos mais exímios e altivos pensamentos. E não iremos muito longe nessa exemplificação, basta o leitor fitar e perceber tamanha magnitude, força e poder a qual desferiu-se no seios das civilizações as Escrituras Sagradas, dentre outras, não trata-se de um livro, nobre leitor?

O intuito dessa obra não auferir benesses, de sorte que o maior resultado o qual poderá obter é a consciência, a alteração de um estado consciencial inferior para outro estado ao menos um pouco mais consciente, desse modo, tanto o planeta quanto os seres que o habitam poderiam, assim como podem, habitar de um forma diferente da coeva, contudo, esta obra utilizando-se da bela e cintilante arte poética vem indagar-lhe sobre os mais diversos estados e possibilidades ainda não meditados pela grande maioria das pessoas.

Talvez, alguns imaginariam no extremo mito de mudar ou alterar-se o mundo em que vivemos – não nobre perscrutador daquilo que teus olhos ainda não viram e os teus sentidos ainda não sentiram porque não possuis plena capacidade para tanto – esta obra fora esculpida e inspirada desde antes mesmo dela surgir do mundo abstrato para o mundo materializado com a teleologia da metamorfose do si mesmo, do *yourself*, do si próprio, do vosso interior, nesta arte, é exatamente aí que encontra-se consubstanciado o vosso mundo, alterando-se vosso interior e não, *a priori*, o exterior, sendo aquela mesma criatura por dentro, com as mesmas idiossincrasias e conflitos não alteráveis por máscaras, procedimentos cirúrgicos ou maquiagens. Estes, os quais alteram o boneco, enquanto o morador do corpo continua o mesmo, e digo-vos mais ainda, pior, após obter a percepção que mesmo após a cirurgia externa ele não alcançou interposicionar de forma correta as peças do seu quebra-cabeças interno.

Destarte, a cirurgia legítima que deve ocorrer dá-se no ser interno, e essa meu caro e nobre leitor já que viestes em busca verdade, jamais poderá ser realizada com qualquer tipo de interveniência anestésica, ela dói, machuca por dentro, o estudante que busca o autoconhecimento quer levantar da cadeira e sair correndo, colocar uma espécie de saco às costas e tornar-se um transeunte nas rodovias do mundo, e além de sentir a dor tem de aprender a conviver com a mesma, destarte, ela não faz parte desse mundo, assim como a alegria? E quando ela aparecer, deves assentar-se em um banco ou cadeira convidando-a para assentar convosco, e questioná-la: por gentileza, de onde a senhora vistes? E o que eu ainda não aprendi que a senhora pretendes ensinar-me?

Por fim, com visão amplíssima na teleologia de abarcar as várias facetas que se interpõem na vida de cada ser humano, o escritor, acessa os mais obscuros e sombrios espaços cerebrais das mais variadas tipologias de consciências que atingem seus escritos, buscando uma catarse mental, emocional e, por que não física?

Com seu estilo rebuscado, trabalhado e concentrado, ele procura bailar artisticamente com o idioma e o poder das palavras contidas em sua égide, porém, sem esquecer-se de seu supramencionado cunho final. Não considerando-se, classificando-se ou rotulando-se por contemporâneo, cúbico, clássico ou medieval, dentre outros, contudo, atemporal.

SUMÁRIO

O FILHO DO OUTRO 29
POEMA NÚMERO UM 31
O POETA ESTÁ PREPARADO 32
O POEMA SEM NOME 33
A POESIA 34
NÃO SUBESTIME O POETA 35
ZERO 36
O ESCRITOR 37
BRILHO NO OLHAR 38
GAIA 39
TERRA 40
O AMOR EM TROCA 41
MÃES E MÃES 42
NOSSAS ORIGENS 43
ARCO-ÍRIS 44
COMISERAÇÃO 46
O PROJETOR DE AMOR 47
O REFLEXO EM MEUS OLHOS 48
EM BUSCA DO AMOR 49
MATERIALIZÁVEL 50
A FELICIDADE E A DOR 51
ACREDITE NO AMOR 51
A ARTE DE ESPERAR 52
O RETORNO 53
CORPO E ALMA 54
A METÁFORA DO AMOR 55
O AMOR DA SUA ALMA 56

É SÓ O AMOR.	57
AMOR E SENTIMENTO.	57
A QUEM PERTENCE.	58
AMOR DE ALMA	59
A MAESTRIA.	59
NÃO SEI?	60
O ERRO.	61
SEM ARRAZOAR.	62
A REALIDADE	63
AME AGORA.	64
DESESPERADO.	64
PRATICAS DEVOTADO	65
QUE ESTAIS A PROCURAR.	65
O ILUSIONISTA	66
VALE A PENA!	67
O SONHADOR.	68
DESCOBRIMENTO	68
DNA'S.	69
A TENDA CIGANA.	71
O REMÉDIO PARA A ALMA	72
ABSTRAÇÃO.	73
APENAS CONTINUE	74
LIVRE ALVEDRIO.	75
MÁSCARAS	75
TRANSFORMAÇÃO.	76
LAPSO-TEMPORAL.	77
HÁ ILUSÃO, CONCEBIDO?	78
MUNDO DAS SOMBRAS.	79
PENSO, LOGO EXISTO!	80
OS DESEJOS.	81

A EUFORIA	81
SABEDORIA	82
DISLÉXICO	83
AUTOVERIFICAÇÃO	84
SOMOS COIRMÃOS	84
O ÚLTIMO PENSAMENTO	85
DESCONFIANÇA	86
CICLO ETERNO	86
UM VOO	87
O PENSAMENTO	88
A TERCEIRA VISÃO	90
ESTOICO	91
PERCEPÇÃO	92
AR RAREFEITO	92
FIM DO CAMINHO	94
MONUMENTA	94
MYSELF	95
O HUMILDE DE CORAÇÃO	96
NEBLINA ESFUMAÇADA	97
GRANDE ESPÍRITO	98
OLHOS PARA SI	99
AQUILO	100
O VERDADEIRO MOTIVO	102
GIRASSÓIS	103
INJUSTIFICÁVEL	104
O QUE É A COVARDIA	105
O VERDADEIRO VALOR	106
A PEDRA	108
ECLIPSES	109
O MAL DO PRECONCEITO	112

MULTIPLIQUE 113
UM CORRUPTO 114
OS CEGOS QUE PENSAM ENXERGAR 115
A DUALIDADE É UMA ESCOLHA 116
AMPULHETA 116
A MORTE 117
IMORTALIDADE 118
CONHECE A TI MESMO 119
CAMINHANTE PERDIDO 120
AS ESPERANÇAS 121
A CANOA SEM REMOS 123
DIÁLOGOS 124
INCONSCIENTE 124
ESSE SOU EU 125
SEJA TUA PRÓPRIA REVOLUÇÃO 127
O HOMEM INTERNO 129
O HOMEM TEM DOIS LADOS 130
SEM PALAVRAS 132
O GUERREIRO ARJUNA 133
OS SÍMIOS 135
O PASSAGEIRO 136
REDENÇÃO 137
O QUE NÓS ESCOLHEMOS 138
INCAPACIDADE EM RACIOCINAR 140
A NOVA VISÃO 141
O TEMPO 142
O PENSADOR E O JULGADOR 143
A NOBREZA DE UM SER 144
AMAI AO PRÓXIMO 145
O FABRICADOR DE VIDAS 146

ILUMINAÇÃO 147
O HOMEM E A VIDA 148
PERGUNTA RETÓRICA 149
QUEM É VOCÊ 151
O HOMEM E SEU QUERER 152
DÉDALO 153
A METÁFORA DA BORBOLETA 154
SABEDORIA ADQUIRE OURO 155
A INFELICIDADE 156
A FUGACIDADE 157
O RESPLENDOR 158
COMO ACERTAR 159
FREEDOM 160
O CONTROLADOR 160
PROMETHEU 161
VISÃO TURVA 162
FANTASIOSA 163
OBSERVAÇÃO 164
A EFICÁCIA DA SOLIDÃO 166
OURO É O SILÊNCIO 167
SOMENTE O AGORA 167
ALVEDRIO 167
PATINAÇÃO NO GELO 168
A ODISSEIA 169
SIOUX 172
A LUZ PRIMORDIAL 174
O HOMEM PEQUENO 175
O IDIOTA 176
SUPER-HOMEM 177
OUTRO PLANETA 177

UM BUSCADOR?	179
SÓ EXISTE EU	179
UM SÁBIO	180
A RIQUEZA DO TOLO	181
O CONHECIMENTO	182
A EVA DESTE SÉCULO	183
O PÁSSARO E A VIDA	184
A PROFESSORA	185
SERENIDADE	186
O ENSINAMENTO	187
A MÃE E O PAI EXCELENTES	188
A EXCELÊNCIA DA CONSTÂNCIA	190
GOD BLESS YOU	192
É UMA FILA	193
O ESPLENDOROSO LEVIATÃ	194
TODAS AS REALIDADES	195
COMO É CRIADO SEU MUNDO	196
POR FAVOR, VÁ SORRIR	197
A ARTE ESTÁ EM SEUS OLHOS	198
O CRESCIMENTO	199
TEIÚS	200
É O FIM	201
CENSURA	202
PAREMOS	202
CONTRATOS	203
BUSCADORES	203
NÃO FAZ PARA VOCÊ	203
VOCÊ É ENERGIA	204
DOMÍNIO PRÓPRIO	205
INTERCALADO	206

FICOU VAGO?	207
O AMOR E A DESGRAÇA	209
O PONTO FINAL	210
HUMANA EXISTÊNCIA	211
A CONSCIÊNCIA TEM DOIS LADOS	212
O HUMANÓIDE	213
O CUBO SAGRADO	214
FLORES, INTRINSECAMENTE, FLORES	214
SEU CORPO É UMA SINFONIA	216
SÓ UM ABRAÇO	216
JUÍZES SEM FORMAÇÃO	217
O AMOR É ETERNO	218
O HOMEM VITRUVIANO	220
QUÉFREN, QUÉOPS E MIQUERINOS	221
O PODER DA IMAGINAÇÃO	223
EFEITO BORBOLETA	224
PÁSSAROS SOLTOS	226
A CARAVELA E O HADES	227
PASSAGEM	228
IDIOMA OCULTO	229
O BEM E O MAL	230
VITÓRIA SEM MORTES	230
O FIHO DE UM GREGO	232
O MAL ANIQUILAR-SE-Á	233
O JOIO CONVIVERÁ COM O JOIO	234
A MENTE E O UNIVERSO	236
DEPOIS DO PODER, GUERRA	237
O HADES	238
A GRANDE BESTA QUE EMERGE DO MAR	239
LÁPIS COLORIDO	241

CHAPÉUZINHO VERMELHO	241
MEUS SAPATOS VERMELHOS	242
MORO NO CORPO	243
A METÁFORA DO EDIFÍCIO	243
O REAL TEATRO	244
MEU TROCO É O BEM	245
O DONO DO FILME	245
NÃO LEVE A VIDA A SÉRIO	246
AS TRÊS COLUNAS DA VIDA	246
A VERDADEIRA EXCELÊNCIA	247
SUICÍDIO	248
LUNÁTICOS SÃO FANTÁSTICOS	248
O FUNDAMENTO	249
SE NÃO PENSO DEIXO DE EXISTIR	250
AS ÚLTIMAS SEMENTES	250
ACREDITE	251
A SABEDORIA	251
ASCENSÃO ESPIRITUAL	252
SEXTO SENTIDO	253
A VOZ OCULTA	253
JULGAMENTO	254
OUTRA REALIDAE	254
A FACE DA LUA	255
A MULHER E O HOMEM	256
CATARSE	257
NOTAS MUSICAIS	258
AQUARELA	259
HÁ VENENO NAS PRESAS	260
O ÓCIO E A MORTE	261
FAÇA O QUE PUDER!	261

THE END	262
LUMIAR	262
O PESADO	263
O CIDADÃO MODERNO	263
O RETORNO CHEGA	264
A PERÍCIA	265
CONHECIMENTO PARA QUE	265
O RECLAMADOR	266
O PREGUIÇOSO	266
BANDEIRA BRANCA	267
FALÁCIA	268
PASSAGEM	268
MINHA FACE	269
O FRUTO	269
MACACOS ME MORDAM	270
O MATO	270
APARÊNCIA	271
TUDO	271
A NATUREZA É SÁBIA	272
137	272
AVIDYA	273
PROSA APROPRIADA	273
CHARNEIRA	274
O SELETIVO	274
SOMOS NATUREZA	274
FOTO	275
EVOLUÇÃO	276
A HUMILDADE	276
SEROTONINA	276
OS TRÊS MUNDOS	277

MAYA	277
REPITILIANOS	278
FIQUE QUIETO	278
A FLOR DE DENTRO	279
O MARINHEIRO	280
O CASTELO DE NOTTINGHAM	280
PRESO NUM LOOPING	281
HIERÓGLIFO	283
RESOLVA-SE!	284
O SENTIDO DA SUA VIDA	284
A ARCA DE HAON	286
GALÁXIA	288
A GRANDEZA DO SER HUMANO	289
SUA DÍVIDA COM O PLANETA	291
PLANETA DOENTE	292
FREEDOWN	292
O FIM DA SEPARAÇÃO	294
EINSTEIN	295
PESSOAS SÃO ENERGIA	296
CRIADORES	297
JANELAS DAS ALMAS	297
VALORES	298
ROMANCES COEVOS	298
KURINGA	299
QUEM É O ANIMAL?	300
OLHO NO OLHO	300
OLHARES CEGOS	301
O INQUILINO	302
IMITADORES DA MORAL	302
DIÁLOGO INTERNO	303

O FILHO DO OUTRO

Milhões de carros a transitar,
nos dois sentidos dessa pista,
vejo-os literalmente marchar,
luzes, refletidas como flashs.

Aqui, assentado nessa grama,
desse imenso bosque, através
das luzes dos postes, estamos
eu e os sete nobres a observar.

E de repente mas não ausente,
não mais, que de repente, em
estranhas e avivadas sinapses,
vejo o meu corpo transformar.

Percebo que não sou mais um
corpo, tão-somente, um brilho
no olhar com luz a me cintilar,
a camuflagem, passo a afastar.

Em uma destas sinapses como
numa explosão de átomos nos
mundos da mente vou navegar,
procurando a resposta, acertar.

Mas não estava eu ciente que,
uma singular ideia poderia me
transformar decompus-me em
elétrons quando fui raciocinar.

E agora sentindo-me todo azul
passei-me a questionar por que
eles tanto correm para somente
o seu próprio filho lhe amparar?

Quando passam por uma criança
com fome, frio fingem não notar,
porém, quem é esse que seu filho
acode e passa as crianças abdicar.

Quer, seu filho mais importante,
se aquela outra criança, também
é um filho que outra mãe o pode
gerar para a existência continuar.

Vós não queres ajudar esse filho,
tu queres mesmo, lhe autoajudar,
pois, esse interesse egoístico está
descrito nas pupilas do teu olhar.

A cena doutra criança com fome
nem mesmo pode, vos balançar,
pois autojustificativa tem nome,
isso advém do egoísmo familiar.

Se um dia tu morreres, e mesmo
que literal, não sejas a tua morte,
e isso ocorrerá seu filho jazer só,
com frio, fome sem lhe acalentar.

De outras pessoas tu não tentarás,
esmero algum solicitar, pois que
tu mesmo, ao outro, não fizestes,
detenhas, vergonha e humildade.

Peças uma distinta oportunidade,
para vossos erros, poder reparar,
que todos atos nesta vida um dia
todos nós, traremos de reformar.

POEMA NÚMERO UM

Óh indagador, quais indagações vós tens feito?
E o que vossas inquirições têm criado em vós?
O que elas possuem de vós será que de outros?

Porém, será que ao questionar indagai-vos por
um legítimo motivo, que estais a esquadrinhar?
Ou indagastes vós meramente por procrastinar?

Se, indagas pela realidade, não sabeis, todavia,
que vós a cria? Pois sendo filho de um Criador,
tendes a capacidade e veracidade de idealizar?

Vens à poesia indagar, consciência então terás,
quão profundo em vós, ela poderá lhe penetrar,
pois a poesia não se define, nada ousa deliberar.

No entanto, se equiparada a uma espada, como
uma espada ela será, com a consciência e valor,
do mesmo guerreiro, que arriscar-se empunhar!

Se percebida como o fogo, como ele consumirá.
Se, percebida como a água, como a água, fluirá!
Se percebida como o Sol, quão o Sol chamejará!

A poesia não tem em si mesma a perspicácia da
certeza concretizar, porém como uma durindana
de dois gumes, ao coração do insensato atingirá!

Com muito afinco tuas certezas ela irá dilacerar!
Que farás tu quando de tudo e de todos passares
a duvidar, a certeza tentarás, novamente buscar?

O POETA ESTÁ PREPARADO

O deferimento, de assombros verbalizados,
em forma de ofendículos ora disseminados,
às pessoas ausentes dos conjugados, podes,
causar enjoo aos ouvidos quão perpetrados.

Perceptível é, ao observador e ao observado,
nas entrelinhas das letras suas setas lançadas,
que são flechas vivas inflamadas, ao coração
ora marcado, ausente aquele ser é condenado.

E por não ter como se defender como o santo
ferido e acorrentado, recebe flechadas em seu
peito já sanguinolento, tornando-se ao mesmo
tempo, ferido e enganado por víboras afiadas.

Todavia, com a possibilidade de uma reflexão
mais afiada, sobre tal aspecto da intenção, ora
emanada, por esse ser, que não é humano, mas,
um mesclado na emissão da emoção acentuada.

Perceptível que é um ser animalizado além de irracional, és um bicho infundado, e tudo isso, deixa-me desmotivado, por ter que declinar de um sujeito amoralizado, e que fica disfarçado.

Que não deixa ninguém ser ludibriado quando aberto seu túmulo, odor é exalado, aos quatro cantos do mundo, um cheiro putrificado, que, infecta mentes breves e ainda o despreparado. Emitindo um sentimento pérfido escancarado, tendo com suas finalidades mórbidas a outros seres aconselhado, se falasse de sua imprópria imagem seria globalmente um desclassificado.

Mancharia a própria sombra é isso que merece, um sobrepujado, não sabendo ele, que o poeta, está preparado para situações baixas com seres animalizados que deixam as biografias de lado.

O POEMA SEM NOME

E se a página estivesse,
totalmente em cândido,
e houvesse a ausência,
para se ver e verificar?

O que em alguma linha,
vós irias poder registrar,
imaginando que a folha,
fosse, tua vida singular?

Sinto agora o desespero,
em vosso íntimo a bater,
sim é consciência de ser
tua vida poderá florescer.

Com tinta que é própria,
temo que algumas delas,
sejam turvas, ou foscas,
sem brilho, ou reflexos.

Tenhas mais importante,
é a consciência entender,
que possui tinta e papel,
para pintar o próprio ser.

E nessa razão haverá de
habilmente aconteceres,
pois, uma nova criança,
desse Sol, há de nascer!

A POESIA

Embora, questiono-me:
o que devo reconhecer,
de belo no mundo que
se compraz o meu ser?

E jaz que compreendi,
essa é a característica,
afeição, que dá a vida,
é o amor, por escrever.

E foste materializando,
estas singelas palavras,
que suscitei, doei vida,
a outro magnífico ente.

Pois, uma única poesia,
traz inundação pra vida,
e isso nós possuímos de
entender, com egressão.

A vida em outra forma,
que não podes entender,
acalentando a espíritos,
rebuscados, a conviver.

NÃO SUBESTIME O POETA

Porquanto o pensador procederia dessa maneira:
mas, o que a Poesia tende ou intenciona ensinar,
se, com a Filosofia nós passamos logo a pensar?
A Poesia pura é a vida, e disso tu te certificarás!

Mas com toda a força que há no mundo o poeta,
pode sinceramente, com seu coração se afirmar:
que a vida é uma Poesia que não podes explicar,
não açoites em teu peito, passes a humilde ficar.

Pois milhões de textos a Poesia pode simplificar,
porém não para ti que não podes lhes considerar,
pois com a mente fechada, vazia há de continuar,
sem abrir-se a uma nova ideia, então sucumbirás!

O poeta é um artista que a arte não pode explicar,
a arte foi criada por ele, e ninguém há de olvidar,
da abstração para o concreto, um canal aqui está,
e cada vez mais límpida sua poesia há de ressoar!

Era o que deveria ocorrer, com todo esse mundo,
para que o próprio mundo, possas tu desmitificar,
extinguindo todos muros para as barreiras liberar,
e que todos transitemos livres onde puder passar!

Assim unindo em conjunto para melhor caminhar,
a poesia funde-se com tudo para tudo poder afinar,
corroborando, influindo profundo aspecto delinear,
as poesias, denotam clareza por detrás da natureza!

ZERO

Os incautos e leigos,
chegam a questionar:
mas em que a poesia,
pode, recuperar-me?

A celeuma não está,
no trivial questionar
mas que tipo de tese,
devo eu materializar.

Eis aquela pergunta,
que não deves calar,
porque do contrário,
uma simples poesia,

jamais poderá brotar.
Como as poesias não
nascem peito adentro,
em que a humildade,
não encontrará lugar.

E, nesse desencontrar,
devo eu aqui lhe falar,
onde há confiança vós
poderás a si encontrar.

Somente dentro de si,
és o verdadeiro lugar,
se precisares de ajuda,
com a poesia contarás!

O ESCRITOR

Olhes seguramente para o papel,
não há ente errante e nem cruel,
a ignorância é seu aliado infiel,
mas que farei se lhufas houver,
para ser lido aqui neste quartel?

Acaso ideias fluiriam até mim,
elevando-me até o azul do céu?
Seria como navegar no escuro,
em um pequeno barco de papel,
tiraria a idealização lá do fundo.

Porém, imagine você o mundo,
límpido, brilhante, vivo e puro,
você sendo seu autor profundo.
Pintaria sua vida em um muro?
Ou a escreveria, em um bordel?

Saiba que este pensador profundo,
eterniza seus passos num mundo,
onde o saber é uma dor de súplica,
que a humanidade, volte-se à cura,
desista de seus interesses abstrusos.

BRILHO NO OLHAR

Abrigou-me em teus seios,
acariciou devagar a fronte,
eu mostrei-lhe meu sorriso
sem dente embranquecido,
esse colo está tão aquecido,
aconchego é o que preciso.

Envolva-me em teus braços,
aproxime-me em teu corpo,
acarinhando, minha cabeça,
vosso amor, é mais gostoso,
em minha exígua existência,
não imaginavas isso denovo.

Hoje que posso vê-la mamãe,
o que é esse reflexo brilhoso,
vindo, do fundo do seu olho?

Não sei o que é, não imagino,
porém, é tudo o que eu sinto,
com jeito, um pouco deitarei.

Meramente, aspiro observar,
o vosso sustento me ofereces,
para que possa me alimentar,
agradeço-lhe, mais que tudo,
o afável nutriente do mundo,
é maravilhoso e inexplicável.

Que mesmo eu sem os dentes,
consigo mansamente saborear
acariciando-te sem machucar,
com, a minha pequenina boca,
posso lentamente movimentar,
aqui, só por mais um instante,
amaria se o pudesse continuar.

GAIA

Olhando fixo para o céu,
eu começo a contemplar,
incandescência espacial,
é uma pena que somente
do espaço vossa face nós
poderemos lhe visualizar.

Pois, nós sabemos que és,
como uma adequada mãe,
que está a nos resguardar,

mas, mesmo aqui abaixo,
a ilimitada generosidade,
nós alcançamos, admirar.

Porque olho intensamente
nos olhos de uma mamãe,
posso ver, uma borboleta,
assim, consigo apreender,
qual é o puro significado,
deste maravilhoso planeta.

Nada em troca ter que dar,
porquanto, é assim que és,
movendo-se, para te amar,
porque toda mulher é mãe,
a Terra, é a Mãe das Mães,
a qual tu deves reverenciar.

TERRA

Óh! Maravilhosa Terra,
que cintila, reluz e gira,
em vossos movimentos,
tu vens nos ensinar vida.

Mas longe de todos nós,
querermos vos inflamar,
nesta arte, vossa beleza,
estais, a nos comprovar,
és vós nosso bendito lar.

De ti vejo o azul celeste,
fora de ti o azul do mar,

borboletas, os pássaros,
os bem-te-vis e a todos,
vos dais o belíssimo lar.

Absorto fico a observar:
por que, o ser humano,
quer tanto lhe derribar?
A tecnologia não serve,
nem para lhe preservar?

Evoluído está o homem,
que não vos consideras,
nem o vosso próprio lar,
audaciosa na imensidão,
do universo jaz a bailar.

E, em seus movimentos,
vemos os ciclos simular,
provando ao ser humano
que ele pode, recomeçar.

O AMOR EM TROCA

Engatinhando, por toda parte,
por ainda não saber caminhar,
na verdade estou aprendendo,
a esse novo veículo, dominar.

De repente tento me levantar,
desajeitado, tropeço ao chão,
mas logo, tu vens em minhas
pequeninas mãos as acariciar.

Sinto-me, deveras, protegido,
destarte, nasci do teu umbigo,
disso não posso mais duvidar,
quando convosco quero estar.

E se outras vezes torne a cair,
o amor não deixarei ressentir,
logo, ele a mim, vens revestir,
por isso a gratidão pelo sentir.

Aprontado e genuíno que és,
dado a mim, e não ao objeto,
mesmo sabendo que de mim,
nada em barganha tu esperas.

Com bondade não se pondera,
continuo com sorriso a espera,
não, destarte, meu amor por ti
nunca, poderá ser uma novela.

MÃES E MÃES

Mãe, é mãe! Escuto muitas pessoas,
essa geringonça por aí, a cantarolar,
repetindo tudo que os outros dizem,
por preguiça ou não saber raciocinar.

Mais importante que o título de mãe,
és o amor que estais disposta a doar!
Todavia, o que vejo são muitas *mães*,
que a seu filho, nunca ousou abraçar.

Olhando na pupila dos filhos dizem:
muito arrependida sou e muito triste,
pois lhe pari mesmo sem lhe esperar,
eu não estava pronta para engravidar.

Assim, com a cabeça que hoje tenho,
se pudesse agora retornaria no tempo,
e arranjaria um enorme escapamento,
para que um filho não roubasse todo,
o meu importantíssimo mandamento.

Valorizo muito mais o meu homem,
que amarra os cadarços dos sapatos,
convém para mim, todos os jantares,
e ainda põe sustento em meu prato e
no crepúsculo possa comigo se deitar.

NOSSAS ORIGENS

Saibas, que o poeta além disso,
sabe da generosidade ponderar,
havendo uma maneira peculiar
com brio no olhar, em apreciar,
não só as belezas azuis do mar.

Passa ele a notar, sem nenhum
pensamento exarar, e se algum
deles, ao acaso quiser te brotar,
muito velozmente como o raio
em sua mente, passa a dissipar.

Pois não há nada mais glorioso,
do que a tudo somente admirar,
porque fora Deus que me disse
que há perfeição no imperfeito
que eu não ambiciono verificar.

Todavia, ainda existe um brilho
em vosso olhar e aquilo que lhe
dá vida ninguém pode te roubar,
habitamos em uma mesma casa,
mundo que volita sem bater asas.

Quem foi que elevou a perfeição
neste patamar se o que é perfeito
para mim ao outro rejeição pode
provocar, e nada é de se duvidar,
do humano tudo pode se esperar.
Não caberás a ninguém profanar
nenhum cidadão, filho ou irmão,
tens que família somos todos nós
sob o brilhantismo dos Sete Sóis,
no mundo amor azul tem por nós.

ARCO-ÍRIS

Que mundo é esse?
Não sei onde estou,
estou dentro e fora,
e ao mesmo tempo,
esse é um universo.

Estou em paz, aqui,
protegido, pacífico,
ainda bem mantido,
nesse belo arco-íris!
nisso vivo sorrindo.

Sem saber atravessar,
ouço buliçosos sons,
mas em nada cortejar
é aconchegante aqui,
deixe-me só aquietar.

Com olhos fechados,
embora, posso sentir!
Está quente e úmido,
que universo, é esse?
É o que me sustenta.

E meu curto coração,
já bate a inquietação,
e sair do meu mundo
e adubar a imensidão,
sei que muros falarão.
Com o singelo olhar,
conhecer o nosso lar,
e abertamente poder
abranger o teu olhar,
que não é o ludibriar,
és certeza de respirar.

És um ente feminino,
tem, doçura no olhar,
e as chamam de mãe,

agora, posso admirar,
este, era meu mundo,
antes, deu pulmonar!

COMISERAÇÃO

Nós temos todo poder,
está, em nossas mãos,
porém, temos o medo
de enfrentar a solidão,
e nos subordinamos a
cada desconsideração.

Pois, crias o monstro,
em teu azado coração?
Sozinho nunca estarás,
ainda que tu só estejas,
sua própria companhia,
nunca denotará solidão.

Peço, despertes agora,
não sairá das situações
queres que brotes ouro,
onde há o ferro e latão?
Não seja sádico, decida
pelo melhor da Criação.

Cada um tem sua porta,
se fraco fores e tiverdes
pouca nenhuma atenção,
ficarás preso nesse ciclo,
de escassez e devassidão
pelo resto, da imensidão.

Antes, ames a ti mesmo,
além de amar teu irmão,
no oposto, sofrerão dois,
somente pela alucinação.

O PROJETOR DE AMOR

Alegra-me o peito e mata o desejo, em conhecer-te,
e obter a ciência que tu és realmente uma desilusão,
que jamais serás aquilo que eu acreditava que fosse,
moldando em ti a imagem de um personagem fosco,
contraditório e a contragosto, preciso te ver denovo.

Simpática às minhas aflições tornando-me assim eu,
repleto em deleite e confirmando que todos os meus
desejos são uma quimera, que vejo em meu coração,
materializando-se em um só instante na tua imagem,
solidamente, é uma pena temos caminhos diferentes.

O que poderei eu fazer, se a projeção dessa imagem,
fora eu quem criaste no interior de minhas entranhas?
Culpar-te, não o poderei fazer, nem mesmo exigir-te,
pois, seria o âmago da destruição desse ser o abatido,
caminhar de mãos dadas com um amor não resolvido.

Que não amolda-se em meu verdadeiro e sincero ser,
e que não condiz, todavia, com a vossa real essência,
sofreria então, ao teu lado todos os dias da existência,
na esperança que em um deles nossas idiossincrasias,
ajuntassem e a amoldassem à minha a vossa essência.

O REFLEXO EM MEUS OLHOS

Quando, tu fitas em meus olhares,
vedes o reflexo da vossa imagem,
e nesse instante vós percebes que,
ainda não saíras de dentro de mim,
pois esse reflexo é a vida sem fim.

Diz ao mesmo tempo, nunca sairá,
parte da minha existência fizestes,
no entanto, tem um lugar em mim
específico para cada abstração que,
por ele passou e o amor, me fixou.

Mas outras tenho que acrescentar,
que jamais ficaram, ou até ficarás,
algumas existências o melhor que,
podemos fazer é não compartilhar,
ruíram nossas vidas, para lecionar.

Onde colocar-te-ei se ao meu lado,
vós não podes estar? Como ambas
linhas paralelas no infinito, algum
dia nossos caminhos irão se cruzar,
nessa hora existências irão se amar.

Não te colocarei em nenhum lugar,
pois onde tu estais ninguém jamais,
poderás lhe retirar, porquanto, vós,
como por mim passou juro por toda
a eternidade, que não irei, lamentar.

EM BUSCA DO AMOR

Ah! Esse eterno, Amor.
Ainda, é possível amar?
E amar sem ser amado?
Sem ser correspondido?

O amor ele nada espera
com facilidade, doa-se!
Se houver espera sem a
reciprocidade não seria
amor seria um contrato.

Se houver espera para,
ser amado, não é amor,
é um artefato desejado.
Tão-somente há pureza,
verdade quando se ama.

É doar a reciprocidade,
esse amor somente faz,
o que sabe fazer melhor,
ser justo e honesto para
com todos ao seu redor.

Nesta arte, o verdadeiro
não é de quem abordou
primeiro, aquele foi só,
um simples mensageiro
que o herdeiro ensinou.

Não expliques o Amor,
Amor, não explica-se a
Criatura amada sente-o,
e sua vida descomplica.

MATERIALIZÁVEL

Esse amor do qual os poetas falam seria uma utopia?
Uma miragem, alucinação, delírio ou uma Simpatia?
O produto da imaginação, de quem já o fantasiastes?
Ou o alvitre do pensamento de quem jamais amaste?

Seria possível, verdadeiramente, amar meio ao ódio,
se como verdadeiro, o amor, poderíamos classificar?
Uma arte final não possuiria qualquer tipo de mescla,
adjetiva, in casu, substancialmente, o amor não seria.

Alguns, porém, não creem no amor e sofrem por isso,
imagines se tiverdes de conviver ou habitar sem amar,
contudo terás a certeza que infeliz tu serás nesse lugar,
quando amanhecer e o Sol nascer, ficarás sós a pensar.

Entretanto, não os julgo por sua falta de compreensão.
Pois o amor existe é real intangível mostrado em ação.
Mas alguma poetiza poderá questioná-lo: quem estará
de corpo e alma a perscrutá-lo, buscá-lo, a procurá-lo?

A FELICIDADE E A DOR

Como bardo que sou, passo a observar e vejo,
pessoas correndo a perscrutar os seus desejos,
afirmando ansiarem amar e a procura do amor,
como uma jóia a encontrar ansiosas não achou.

Sem ao menos descontinuarem para a reflexão,
sobremaneira, a respeito da natureza da paixão,
és o amor que o nome da cidade Roma ganhou,
um antídoto para o mundo, para o ódio e a dor?

Que poderia destacar-se ao elemento precioso?
O que e quais frutos geraria e de quais sabores?
Dessa energia nuclear infindável, substancial e
pujante em nossas vidas, sentimentos e corpos.

Amar, não é um tormento, sua natureza distinta,
nos traz acalento, mais ainda a dor e sofrimento,
aquilo que não traz dissabor a um peito sofredor,
o amor não está em combate vive adjunto da arte.

ACREDITE NO AMOR

Gostaria de saber que forma intangível pode ter?
E quem, legitimamente, encontra-se a se conter?
Há alguém que de fato vivo acredite em teu ser?

O pecúlio nunca fora capaz de lhe autosatisfazer.
A altiva criatura humana, de forma, a convencer.
Será impossível na união do amor alterar a você?

Para que todos os dias da vida valha a pena viver,
então por ti mesmo, agora podes começar refazer,
ou talvez somente o pecúlio valha a pena resolver.

Inequivocamente, aquilo que não lhe for próprio,
no entanto, se eu te amo e tu apenas queiras amar,
saibas, em que grau o amor comigo, compartilhar.

A ARTE DE ESPERAR

A quem bater abrir-se-á!
Porém, cada uma podes,
sutilmente se questionar.
quem, verdadeiramente,
o amor, estas a procurar?

Que no primário tropeço,
desaprendes o caminhar,
entrega-se à desistência,
por não saberes, esperar,
adormecido tendes ficar.

Não entendendo que ele,
uma arte possa se tornar,
e que no certo momento,
detenhas ter essa virtude,
o brilhantismo, de amar.

E fazeres como o poeta,
que ante trovas a espera,
versos, pode solidificar,
sendo assim, esse amor,
podemos, compartilhar.

Que, desatina em mim,
virtudes daquele verbo,
que sabemos flexionar,
porquanto no momento
não o sabemos praticar.

O RETORNO

O amor não necessita ser como a vaidade,
ele pode ser uma realidade abrolhando-se,
como uma vela flor surgindo na paisagem,
quem o encontrou descobriu toda verdade.

Todavia, quem está a verdade a perscrutar?
Somente o que vejo são pessoas digladiar,
cada vez mais em busca das efemeridades,
da azada exultação de suas egocentridades.

Vivendo de euforia em meio às metrópoles,
colhendo frescos frutos de suas atrocidades,
vendendo-se como se vendem suas imagens,
no intuito de obter-lhes, enormes vantagens.

Algozes julgam-se espertos e ainda vorazes,
porém, somente querem satisfazer vaidades,
não sabendo eles qual o fruto da ociosidade,
a vida tão logo mostrar-lhes-á sua veracidade.

Tudo aquilo que podes imaginar em resposta
ao verdadeiro sentido, que o desígnio de seus
atos possa abiscoitar, recebendo o retorno em
seus corpos físicos, almas de tudo que semear.

CORPO E ALMA

Se refletirdes em deferência do que é Amor.
– Ah! Reflito com acatamento a esse amor!
Se ajuizardes com reverência a dicção amar.
– A o amar logo me traz um brilho no olhar.

Quiçá, com alguma coisa possas tu cooperar.
– Quem dera esse cálice fosse compreendido.
E alcançarás que não é uma metáfora comum.
– Possível amar algo que não se compreenda?

Se o compreenderes e continuares a duvidar?
– Será que gostando, ainda continuo a amar?
Tão-somente se o amor dentro si não ressoar.
– Poderás desse feitio continuares a perquirir.

– O amor, é um sentimento que te pode tocar.
Perceberás que justamente nunca podes amar.
– Incapacitado, se quer olvidarás a exclamar.
E dessa forma aluvião então tu te sucumbirás.

Daquilo que jamais ousastes querer acreditar.
– Mas os pérfidos, confundem-no às paixões.
Como nesses corações amor não pôde habitar.
– Ali há sentimento contrário, ao verbo amar!

A METÁFORA DO AMOR

O coração, é a metáfora dos sentimentos,
não funciona sozinho sem o seu lamento,
o cérebro que é a metáfora do raciocínio,
como abstratos eles não andam sozinhos.

O concreto tu mesmo tens de transformar,
já que questionará a mente ao sentimento:
É possível amar alguns e sentir tormento?
O verdadeiro amor, há de ter fundamento.

Como é possível amar sua estirpe e odiar
toda a humanidade fabricando combates?
Quando aquilo que eu amo me agatanhar,
conseguirei eu amar ainda estando ferido?

Quando quem eu disser que amo quiser ir,
resignarei em tal estado sem deixar partir?
Quando aquilo que amo quiser libertar-se,
prenderei teus braços brandindo tuas asas?

Quando aquilo que afirmo amar amar-me,
numa forma aleatória do jeito que almejo?
Exigirei que o amor seja o grau do anseio,
contrariando totalmente aquilo que é amar?

E quando aquilo que ao acaso e além disso
afirmar que podeis me amar, o molestarei?
Ainda quando aquilo que mais amo superar
o apropriado amor, continuarei me amando?

O AMOR DA SUA ALMA

Óh alma encantada fulgurante em teus desígnios imortais,
diz a este corpo semelhante, que com sua voz se compraz,
porque essa luta incessante, o meu peito não suporta mais,
destarte inconscientemente dirigir-me-ia à portaria da paz.

Pois lutar contra mim mesmo já não posso mais consentir,
materialize-se em mim, para que eu sinta, a hora de partir,
o amor eterno como aquilo que ainda não compreendemos,
surge a comiseração é o medo de não encontrar-lhe jamais.

Será, que somente após a morte encontrar-nos-emos vivaz?
Todavia, após esse fenômeno no corpo, vida não habitarás,
e nós, que éramos dois, talvez agora, não voltaremos atrás,
ascendendo o invólucro, aproximo-me de ti, cada vez mais.

Venha cintilante, como a centelha de luz em um diamante,
ilumine este viajante que caminha e não encontra placidez,
fecho os olhos e tento buscar-te no interior de mim mesmo,
olhando para dentro de mim é que vejo serena como estais.

Nessa busca por te deparar todos os dias procuro lapidar-me,
sabedor que um dia, essa personalidade, possas ti acoplar-te,
límpida e pura como és, qualquer coisa em ti, não abrigaste,
atento, assopre em mim como o vento me retires o tormento.

É SÓ O AMOR

Como nasceu esse singular sentimento?
Possuidor dessa capacidade, não existia?
Se veio à existência poderá extinguir-se?

Como o que em si mesmo há existência!
Realmente, ele sempre existira sem forma.
Intrínseco, em algum lugar não conhecido.

Como uma energia disponível em sua vida.
Cabendo à esta criatura humana desvendá-la.
Como um núcleo celular de uma única forma.

Com a força de uma célula tronco espalha-se.
Compartilha-se formando um novo ser, o real.
Está distante, em ser calhado pelo ser humano.

AMOR E SENTIMENTO

Será aquele amor um sentimento?
Além disso, será ele um lamento?
Todavia, um sentimento é aflição?
Vives em mundo de comiseração?

Ou será a razão que nos amofina?
Mas, o que será essa tal de razão?
És plausível, aceitável, ela existe?
Mas por qual razão a razão existe?

Para apertar insólitos mais tristes.
O símbolo da faculdade de existir.
Da vicissitude da criatura humana.
O que nos aflige pode ser, e sentir.

Da lógica e através da elocubração.
Para pôr no peito uma mortificação.
Procuram apenas o motivo e razão.
Se não fizer sentido que eles farão?

Conseguiras sobreviver sem razão?
Devemos excluir de nós a emoção?
Qual seria o sentido de sobreviver?
Tão-só trabalhar para poder obter?

A QUEM PERTENCE

Algumas pessoas,
sentadas afirmam,
que a nossa alma,
pertence à Diana.

O nosso espírito,
veio do pai Rah,
e o nosso Corpo,
é da deusa Gaia.

Porém, ninguém
pronuncia a que
podes pertencer,
o nosso AMOR!

Mas esse mundo,
seria realmente o
planeta, do amor,
e causa dissabor?

AMOR DE ALMA

Em um mundo em que há a dor e amor,
não lhe pré ocupes em ficar encantando,
não te catives rápido e fiques admirado,
pelo real amor vós podes ser condenado.

O interno recôndito do corpo florescerá,
abrolhando-se, como botão de uma rosa,
debulhando-se sob lindas pétalas vívidas,
a procura do incandescente sol escondido.

A MAESTRIA

Ora dizem por aí que o Criador é amor,
todavia, se Ele é DEUS, és a perfeição,
doravante o amor, deveras completado,
nesse planeta azul há alguém putrefato.

Mas perfeição haveremos de encontrar,
quando soubermos o sentido de AMAR
a este pícaro nós haveremos de escalar,
se por nós mesmos persistirmos a lutar.

Todos nós, aprendendo a compartilhar,
altercando o egoísmo, em só acumular,
a vida nesse planeta, há de transformar,
mas, esse humano, só ajuíza locupletar.

NÃO SEI?

Ora, portanto abrace,
a afeição não se trata
da sublime perfeição,
nas almas começarão.

O que poderia ser de
uma criatura viciosa
sem desfrutar dentro
de si alma poderosa?

Sem conhecer algum
desse misterioso que
seja apenas a fagulha
da intensa compaixão.

Sem conhecer a mim,
ou apreciar o jasmim,
aos poucos pararei de
sentir tapearei o sorrir.

O cabeçalho do amor,
não o sei não conheci,
por isso que o mundo
há de continuar assim.

O ERRO

Quando fitei-lhe sem querer,
essa é a mulher a que desejo,
passar, a efêmera existência,
mas será que pensei mesmo?

Quando concebi não pensei,
vi-lhe, com os olhos físicos,
que, não são lá essas coisas,
somente alcançam enxergar!

O físico e não, o metafísico,
o concreto e não, o abstrato,
nessas minhas idealizações,
causaram fictícia pretensões.

Conhecer uma madame que,
ousasse, preencher espaços,
oblíquos em um, pensador,
o justo homem, idealizador.

A forma perfeita de minhas
idealizações, sem arquitetar,
que fazia o caminho inverso,
quão vão são os julgamentos.

A primeira frase, deveria vir
a abrolhar, após conhecer-te,
todavia, devo assim me calar,
para o outro erro não olvidar.

SEM ARRAZOAR

Sem ponderar no AMOR,
conheci-te, embora antes,
sem nem ponderar, a dor.

Ofuscado por meus olhos
aproximei dessa imagem
deveras que, fantasiando.

Porém, fui me acercando
que minha alma, estavas,
nas sombras observando.

Desconhecendo que esse
universo, que o chamam
de amor trata-se de Arte.

Pois a aparência não era,
o reflexo daquilo que eu
arquitetava, fui à Marte!

Sem jamais saber que o
amor por você, estavas,
dentro de mim, amei-te.

Todo esse tempo então,
amei-te profundamente,
mas não concebia amar!

A REALIDADE

Fito seus olhos, e fico
o mundo a questionar.

Afixo-me seus lábios,
fico a lhe, questionar.

Corro todo teu corpo,
fico a me, questionar.

Em quais indagações,
ficarei eu indagando?

Se as indagações não
são mais necessárias!

Porque questiono-me,
subjetivamente atinjo.

E dentro do meu ente,
razão, dessas dúvidas.

Estas possuem por si,
seu próprio baldrame.

O vislumbramento de
caminhos antagônicos.

Porém, minha psiquê,
afronta, a consciência.
Ponho-me a examinar
sabedor da finalização!

AME AGORA

Trovadoras e trovadores a recordar,
alguns pretendem do amor arrazoar,
outros a seu respeito aspiram caçoar.

Vivendo, conheci bardos os que não
souberam amar enfermiços a se doar
viveram vossas aflições para buscar.

Abolindo por fenecer de que esperar,
ansiaram ser amados, não souberam,
amar, para ter que inteiramente doar.

Amor sem reciprocidade equivaleria,
ao pássaro acabrunhado sem assoviar,
cantar ou bater asas e livremente voar.

DESESPERADO

Óh Beautitudo, Bonheur, Felicita,
a felicidade, onde ireis encontrar?

Será, aqui dentro de mim mesmo,
ou fora por detrás de onde estarás?

Em todos, insondáveis devaneios,
pego o coração e passo a entregar.

Àqueles que essa tal felicidade não
irão em avulsa estação o acomodar.

PRATICAS DEVOTADO

Uma verdadeira afeição como
conseguiremos nos encontrar?

Ao dobrares, alguma esquina,
poderei em mim, me esbarrar?

Equivalerá o verdadeiro amor,
com valor, acima a nos amar?

Como arriscarei, amabilidade,
consigo ter suave afabilidade?

Como a criança engatinhando,
por ainda, não ter consciência.

Tu buscas uma exímia ciência,
amar todos, com benevolência.

Pois o amor é como músculos,
deves exercitá-lo para crescer.

Mas, não consigo eu entender,
comeces que vais surpreender.

QUE ESTAIS A PROCURAR

É a glória, que estais a buscar,
a fama, que pretendes almejar,
riquezas e joias, para guardar,
concupiscências, a praticares?

Pois, todos aqueles que estão,
em busca, dessas alternativas,
acabarão numa via sem saída,
porque virão em ti essa faísca.

Perceba quão forças negativas,
podem adentrar em vossa vida,
após ficarás em ciclo delirante,
não aquietarás por um instante.

Que tipo de amor é sapatiante,
não há finalidade, és delirante?
Passar a vida caçando amantes
e no fim morrer só cambriante.

Queres ver com vossos olhos,
o amor que tens para me doar,
tua probidade não irei hesitar,
doe amor sem medo a oscilar.

Reciprocidade, irás encontrar?
Transponha amor em tua vida,
pois dessa essência não podes
ousar, com pecúlio, locupletar.

O ILUSIONISTA

Admirando vosso olhar,
passei a vos memorizar,
e dentro de mim mesmo,
a verdade eu insistia em
negar não aspirando ver
o meu castelo, se acabar.

Tudo aquilo, quis negar,
para que em meu mundo,
tu pudesses vir a habitar,
pensando eu só pensava,
que assim, constituístes,
um novo brilho no olhar.

Acreditando cegamente,
que um destino lograsse,
realizasse mesmo dentro
em todos renascimentos,
abdicas todo sofrimento,
amor rejeitas aqui dentro.

VALE A PENA!

Hoje fico a imaginar,
quanta, a afabilidade,
eu adoraria de ter-lhe
proporcionado porém
meu axioma vai além.

Nesse instante o meu,
sentimento esfacelado
passei questionar-lhe:
será que vale mesmo,
a pena ser ludibriado?

Trivial poeta que sou
um lúdico que estou,
nesse mundão afora,
fora tudo que dentro,
desse coração restou!

O SONHADOR

Ao abraçar-te, beijar-te,
ou, simplesmente fazer
carícias em teus lábios,
sentia um calor, dentro
de mim intensificar-se!

Mas, com cordialidade,
falaremos com verdade,
fora um reflexo só meu,
ou um artifício covarde,
vossa alma, lhe guiaste?

DESCOBRIMENTO

Verificadas pessoas acossam trovadores,
e logo pegam-se em críticas subversivas,
mas esse poema, não traz-me, uma saída.

Em nada tendes a me valer ou aprimorar,
e essa angústia dentro da minha essência,
não consegues refletidamente, me retirar.

Com incapacidade ainda aguardando que
algo exterior além da mais seleta reflexão
tenha aptidão de preencher o seu coração.

Que lacunas internas deve conter valores,
para que neste plano o existencialista não
venha de contínuo, padecer os dissabores.

Não deparou ainda que o verdadeiro amor,
em nada consegue debaldear-se por valor,
é uma constante, perene e pura concessão.

Para que vós aluvião compreendas o amor
deves primeiramente perceber a clemência
perdoando vós a todas a suas indulgências.

DNA'S

Permita-me, beijar-te,
teu rosto, acariciar-te,
dentre morte e a vida,
jamais saberemos nós
quantas Luas ou Sóis,
que restaram para nós,
e os meus lábios a sós.

Em seus lábios tocar,
não sabemos, se pela,
derradeira eternidade,
permita este momento
em, minha conspícua,
existência se eternizar
mesmo sem se ataviar.

Vida e tempo tirastes,
impossível, serás que,
da própria existência,
possas ele, te afastar,
porque, no momento,
em que eu te beijava,
o meu DNA tornava.

À alma incorporava,
fazendo-me lembrar,
com, simples calma,
nosso amor de alma,
pois a cada beijo que
ao destino concedias,
eternos nós seríamos.
Meu corpo se prendia
e ainda, que eu morra,
e mil anos, se passem,
e mesmo assim dessa
recordação, em nada,
Chronos me negastes,
a viver sem desgastes.

Quando o Sol nascer,
possa eu o brilho ver,
de teus olhos ofuscar,
a fitar-me, como uma
fagulha de esperança,
passo eu, aguardar-te,
singular, semelhança.

De que em algum dia
nossas infinitas vidas,
possam encontrar-se,
e trocaremos energia,
ficaremos prontos ao
combate da essência,
na nossa experiência!

A TENDA CIGANA

Algumas, frutescências vermelhas,
vossas missangas, se assemelham,
ao descortinar a noite de lua cheia,
seus olhos me seduzes, e clareiam.

Uma sereia e uma miragem talvez,
no encanto de uma paisagem, uma
fada em luz, ou será uma linda flor
a desabrochar no mar do meu amor?

Conectamos como almas idênticas,
ficamos numa tenda lúdica praiana,
a lua de sangue, você minha cigana,
à meia-noite, os sons nos inflamam.

Ouvimos os lobos afinados uivando,
a fogueira esta acesa, nos clareando,
e nossas sutis almas se encontrando,
estaríamos sós, em diversos planos?

Deveras, talvez, este outro planeta,
ou pegamos carona em um cometa
e passamos a ver, todas as estrelas,
nos tornamos um, não se intrometa.

Encontramo-nos em vários tempos
espaços mas de repente morremos,
talvez, nem ao menos entendemos,
nem com as gnoses nos separemos.

Com a benignidade e o suor quente
quais, transpiram dos nossos poros,
num calor de uma lavareda ardente
as mais alva energia incandescente.

Num romance há elevação e magia,
numa ritualística traz suas liturgias,
pode seres no plano físico ou astral,
mas além disso, interferes o mental.

As energias das almas esvaindo-se,
luas cheias jazem, se reproduzindo,
a tenda aquece e vejo você tinindo,
ela se transborda, estamos sorrindo.

Da tenda azul olhamos para a noite
estrelada, um cometa caindo cintila
toda alvorada no advento da aurora,
vivemos, mas é chegada nossa hora.

O REMÉDIO PARA A ALMA

Um dia desses a uma cepa descascar,
percebi, algumas lágrimas assisadas
a rolar, entretanto, dessa vez resolvi,
esse indefectível fenômeno observar.

Mas aqui não posso descrever como,
um ato epifânico que realiza meu ser,
pois toda a vida é uma epifania, sem
ela, o que eu que aprenderia ou faria?

Desta vez metáfora talvez subliminar,
sempre labirinto, temos de desvendar,
encontrando um remédio para a alma,
é aquilo que ao homem lhe traz calma.

A consciência que reluta todos os dias,
pois vencer esse mundo além de dever,
trata-se mesmo de ousadia, admiração,
e tudo à sua volta é uma intensa ilusão.

ABSTRAÇÃO

Por meio de um aflição fatalmente reconhecida,
refletindo nas possíveis potencialidades da vida,
de uma maneira, subjetivamente, compreendida,
chego a este posicionamento de uma alternativa.

Com a seguinte resultante do que possa realizar,
para tentar compreender, do labirinto da escapar,
pois aqui muros são altos e obstruem nossa vista,
são nas encruzilhadas que podemos achar a saída.

Se o que importas é necessariamente a realização,
que fazes validamente para solucionares, a visão?
Faça o que fizer sem alguma murmuração o final
de cada situação, só o desenrolar das coisas dirão.

Imersos em trovas e versos, sairemos da quimera,
possivelmente por meio delas teremos nova ideia,
já que tipo de maré não implica ao piloto do avião,
nesta arte, tudo que um dia nasceu houve a alusão.

E mesmo se exímias ideias tu tiverdes por estalão,
do papel elas não sairão, se não levantardes agora,
teu corpo, elas nunca, jamais se autoconcretizarão,
e vós como ser humano jazerás nesse mar de ilusão.

APENAS CONTINUE

Sem saber a hora, nem dia, ou lugar,
sem ter ciência onde poderei chegar,
muito menos o final desse caminhar,
ainda desconhecendo o seu marchar.

Somente, no caminho irei palmilhar,
em cada reta existe curva a espreitar,
pode aterrorizar outra curva a avistar,
assim eu sigo à frente sem pestanejar.

Quão as luzes do farol a vida brilhará,
demonstrando no trajeto seus perigos,
a atravessamos esse admirável dédalo,
que conosco às vezes tende se revoltar.

Por que para revolta olhar, se existem,
tantas belezas, para vós compartilhar?
E se morrermos, morreremos em paz,
e teremos orgulho de tudo que semear.

Descendo o rio não olhes às torrentes,
assim perderás muitas gentes as quais
também, não estão contentes, com os
desígnios diferentes, sigas, em frente!

LIVRE ALVEDRIO

Em um relâmpago de consciência indagarias-me,
apesar de todas as nuvens e os esforços tu farias,
no sentido de convencer-me a acreditar que toda
liberdade na vida terás, se acorrentado, vós estas.

Justamente eu consigo do franco arbítrio duvidar,
mas isso é uma definição que não podes suportar,
pois o controle, a direção da tua vida submergirá,
como souberes da limitação que terás que lhe dar.

A sombra é o segredo que o sábio, há de explicar,
que temos em nossos ombros um fardo a carregar,
embarcados no navio da vida não viemos afundar,
há somente skandhas em ti que poderias modificar.

A criatura quando nasceu o escopo estava no DNA
vedes as árvores, animais todos nós podemos notar
alguns arriscam rejeitar o cálice mas terás de tomar,
agora não percas tempo, muita coisa tens de acertar.

MÁSCARAS

Quantas insuetas máscaras,
temos que lhe dar com elas
no palco da vida são várias,
os maus atores, e as atrizes,
ensaiando a ficarem felizes.

Para quem elas foram feitas
e para quem foram criadas?
Com qual desígnio elas são,
aos rostos interconectadas?

Foram criadas por aqueles,
que não toleram si mesmo,
e que, de múltiplas formas,
tentam evadir de segredos.

Vestem-nas para esconder,
a insuportável aflição, em
serem quem realmente são,
por isso não se descobrirão.

Os seres, com camuflagens
estão a toda ocasião vendo,
o que pode estar ocorrendo,
acabam não se conhecendo,
sua vida acaba se perdendo.

TRANSFORMAÇÃO

Internalizado em meu ente,
este é meu constante sofrer,
pois quando olho para mim,
minha sombra, consigo ver.

Percorro alguém, ninguém,
talvez intricado reconhecer,
sinto tanta dor no Anahata,
para que eu possa entender.

Todos, meus pensamentos,
em pequenos seguimentos,
estou desvelando o próprio
fundamento, é aqui dentro.

Não via, porque não havia,
aquele brilho de sabedoria,
abstratamente, eu começo,
a me conhecer e contorcer.

Só de imaginar, o trabalho
que em mim eu reconheço,
incluirei recriar, o meu ser,
como aço fundido a torcer.

Todavia, manifestado está
em mim esta outra criação,
que busca transformar este
aluvião, és a sua evolução.

LAPSO-TEMPORAL

Quem sabe o Eu, aquele o que
perguntava, pelo seu azado eu.

De que falava Freud não tenha,
tornado-se, quem ele almejaria.

Talvez, naquele tempo-espaço,
não era tudo o que mais queria.

Pois o homem só pode, mudar
a si mesmo quando se enxerga.

Então ele passa a perceber que
o problema é o teu próprio ser!

É justamente quando o próprio
Eu questiona-se quem sou o eu.

E vós não sabeis, aquém ainda,
podereis saber quem respondeu.

Por isso, estejas bispando para
fora, o leão da efígie te devora.

E de forma surpreendente, vós
não contemplarás, mais aurora.

HÁ ILUSÃO, CONCEBIDO?

Ora, se a existência é uma grande ilusão,
será que descortinamos teus véus ou não?

Se tudo como dizem é uma ampla utopia,
por que não cessamos a realização um dia?

Isis e seus véus parece estar escondida no
chapéu como e para quem abonas teu mel?

Nossa sentença, é viver na escuridão, sem
sabermos quem somos nós isso parece vão.

Quando não te debates com a ilusão estais
cego fechado num quarto com a escuridão.

E o melhor de tudo é que estais a pagar um
preço, que nem tu mesmo, sabes que vedes.

Inconscientes saem a baterem suas cabeças,
tão malignos que a maldade é sua fortaleza.

Peças consciência mas peças com a tristeza,
pois quando descobrires saíras com torpeza.

É tudo uma ilusão porém tu tens obrigação,
de cumprir teu dever, como o bom cidadão.

É uma quimera com certeza e o teu desafio
é tentar sair dela com a primazia e a beleza.
E saímos quando quisermos pois o caminho
está aberto, para todos, os que serão servos.

MUNDO DAS SOMBRAS

Caminhando a brandos passos,
nas avenidas das, megalópoles.

Percorro construções, edifícios,
as praças, pontes, e os bosques.

Passo a atingir a externalidade,
e o exterior, dessa humanidade.

Somente agora entendo porque
tudo isso constitui tal miragem.

A excêntrica exterioridade das
criaturas humanas inadvertidas.

Que de qualquer forma querem
alterar seus feitios e suas vidas.

Permaneço, nítido em reflexão,
que haverá adentro do aluvião?

Antecipadamente desmotivado,
início cavaco com o ser do lado.

É por isso que ninguém entende
porque entro mudo e saio calado.

PENSO, LOGO EXISTO!

Dentre todas as circunstâncias,
do pensamento existencialista,
sem reflexão não há existência.

O fato de pensar, faz-me existir,
o melhor com certeza para mim,
seria, assim como é, não existir!

Se penso, logo existo, isso quer
dizer que se deixo o pensamento
tão-somente, deixarei de existir?

OS DESEJOS

O que consistiria de toda a humanidade,
longe, de todos os crédulos e falsidades,
se humano fosse livre de suas vontades?

Todavia, se o humano deve encontrar-se,
livre dos desejos, o que incidiria ou seria
do desejo da perfeição e união com Deus?

Se quando aqui chegamos nada ensaiamos,
estamos aqui, para aprender ir nos amando,
de volta para a matriz estaremos retornando.

Se o que nos deixa aprisionados à matéria,
é justamente o desejo de ficar com a rédea,
deixemos o controle, outra vida nos espera.

A EUFORIA

Num planeta onde a dualidade,
para alguns, é pura veracidade,
acicato, a contar-lhe a verdade.

Em busca do conciso dissabor,
quase sempre evadindo da dor,
sabemos que a dor não é eterna.

Mesmo que busques a distração
ferirá cada vez mais teu coração
se vós, não resolveres a situação.

Dor, só vem por uma motivação
vós não aprendeste a vossa lição
almejas, continuar na contramão.

O ser humano é tão masoquista,
por isso, a vitória não conquista,
ficas rodeado sem achar a saída.

Já perguntou-se porque a sentes?
Depare o motivo seja consciente,
assim, vossa dor estarás ausente.

Muitos jazem atrás da anestesia,
e não encontram a contrapartida,
queres tempo para curar a ferida.

De repente, a nossa vida se finda
e aquela lição não fora aprendida,
morremos, sem encontrar a saída.

SABEDORIA

Na
busca,
pelo
conhecimento.

Percorri,
quase
todo
[O
[Globo.

Entretanto,
não
havida
percorrido.

[Aqui
[Dentro

DISLÉXICO

Paro e vejo tudo ao meu redor,
empáfias formas, e aparências,
assisto que não há consistência.

As pessoas são reais, tangíveis,
lá adentro não parece plausível,
seus pensamentos, impossíveis.

Suas atitudes são imprevisíveis,
os desejos subtraem a realidade,
revelar-se não passa de vaidade.

Vivem no mundo da aparência,
a caverna, Platão é pura ciência,
o Ser interno, é sua consciência.

AUTOVERIFICAÇÃO

Ao esquadrinhar o escopo existencial do meu corpo,
percebi que existe uma motivação no meu contorno.

No entanto, não sei se vivo, examinei como e o que
que alcançaria fazer para que existisse, sem o viver.

Desse modo averiguei-me quais seriam as possíveis
causas do profundo existencialismo daquele meu ser.

Depois dimanado momento compreendi o que havia
no homem de dentro, esse era gerador do sofrimento.

SOMOS COIRMÃOS

Quanto, a um trovador é difícil,
sair às ruas sem conhecer a dor,
ver onde cada um põe seu valor.

Doutrina dos olhos é sua noção,
o homem interno tem valoração,
e o externo é feito para o caixão.

Careces compreender a situação,
ao abrires a boca comunica-se o
homem, com o homem coirmão.

Neste mundo não há a separação,
estamos todos na mesma ocasião,
carecemos humildade no coração.

Levando consigo sempre perdão,
moderação, gentileza e educação,
aprendendo amar toda expressão.

Por isso digo, que a humildade é
uma das mais abalizadas virtudes,
sua conquista aumenta sua saúde.

A humildade pode ser adquirida,
não com o vosso mealheiro mas,
com a prática perene e estendida.

O ÚLTIMO PENSAMENTO

O que são nossos pensamentos,
apotegmas dos pensadores que,
refletem no que há aqui dentro?

O pensamento é o sinônimo da
reflexão, alguns, refletem mais
alto outros não ajuízam em vão.

Quando penso, existo logo, faz
jus, porque resolvi mentalmente,
uma questão através da reflexão.

Agora, do plano mental passarei,
a conceber, nossa bela abstração,
que veio da ideação à plasmação.

Uma sucessiva formação neural
num turbilhão de sinapses para,
se chegarem ao ápice da criação.

Por isso o ser humano é o filho
do Criador, pois nesta invenção
necessária para toda concepção.

E sobrepõe-se à nossa evolução,
relativamente, ao que cada um,
está na consecutiva organização.

Artisticamente não há confusão,
não é difícil identificar a autoria
de uma inventiva materialização.

DESCONFIANÇA

Ora, se não há nada errado com o mundo, além disso,
permanece algo censurável, em algum lugar em mim,
portanto, se o mundo está assim a celeuma acusa fim.

CICLO ETERNO

Padecemos pelos nossos desejos,
contrastamos, por nossos anseios.

Decepcionamos, conspurcamos e
chegamos agatanhar outros seres.

Quando logramos nossos desejos
perdermos, todos nossos, anseios.

Aquele desejo ora tão necessário,
após conquistado, vira dicionário.

Tão-somente o desejo nos serviu,
para ensinar justamente contrário.

É no interior daquele ser humano,
que encontra o verdadeiro salário.

No ato obsessivo como a criança,
a criatura copia aquela lembrança.

Será que isso não traz ao humano
nenhuma causa, de desconfiança?

Desesperadamente, tu procuras a
satisfação, seu desejo é a solução.

Enquanto ao homem interno esse,
ainda peregrina torto em oposição.

UM VOO

Aglomeradas noites a humana criatura morre,
todavia, todos os dias como o Sol ela renasce.

Ao abrirem-se seus olhos cada dia é uma vida,
uma singular oportunidade para a fraternidade.

A oportunidade é como um voo, após perdida,
o que lhe resta é te tornares com um ser novo.

Para que em outra oportunidade vós não tenha
dissabores porque ela, jamais ocorrerá denovo.

Se vós quiserdes ser um homem novo, terás de
deixar as coisas velhas, meramente como jogo.

Um dos maiores problemas dos seres humanos
é apegar-se denovo assim não chega-lhe o novo.

O PENSAMENTO

Em meio à crescente humanidade.
– Em meio ao caos de tanta gente.
Imerso em meio a humanos seres.
– Acercando-me, de todas gentes.
Submetido a íntimo pensamentos.

– Quais deles são seres pensantes?
Será o que há, em seu imaginário?
– E por que será, que vós pensais?
Será que pensam em significados?
– O que define teus pensamentos?

O que és para vós, o pensamento?
– Acaso reflete no que vos pensa?
Já pensou, em teus pensamentos?
– Vós pensas que pensais, porém.
Se refletirdes em teus apotegmas.

– É como os negrumes a transitar.
Dentro da mente de cada criatura.

– Todavia, e vossos sentimentos?
O que estais a sentir emocionado?
– O que estás sentindo, a criatura?

E por que vós sentes, o que sente?
– Faz sentido, sentir o que sentes?
Está sentindo o sentimento, sente!
– Sinto me sento sento e me sinto.
A comiseração és o que lhe agride.
– Sinto, logo penso, penso e sinto.
Caminho sentindo os sentimentos.
– Metafísico abstrato o sentimento.
Porquanto, é a respeito de sentidos.
– Materialize-o! Acaso o seja bom.

O metafísico pode ser estabilizado.
– Quando sinto o que quero penso?
Por falar em físico como é o meu?
– Diz, conhecer de um sentimento.
A priori, deve sentir o que se sente.

– E seja o que jazeres à observação.
Porém, o que serias isso na mente?
– Podemos entender o sentimento?
Mas, refletirei sobre o sentimento.
– O pensamento controla o sentir?

São distintos, limpos, jaz serenos?
– Penso, quando sinto talvez penso.
Sinto sendo capaz de ponderação?
– A emoção emocionou emociono.
Destrói-me, corrói-me até a morte.

– Quando sinto sem a compreensão.
No sentido, mais austero da mente.
– Será que consegues o reconhecer?
Transmutastes vossos pensamentos.
– Ou basta pensar indistintamente?

Que podes considerar-se pensador?
– Altivos sentimentos e metanoias.
Seres que superam o sentir inferior.
– Seus pensamentos são superiores.
De que basta sentir se não és amor?

A TERCEIRA VISÃO

O trovador internalizado no ser,
descortina o véu redescobrindo,
acostando a ver tudo aquilo que,
não alcançava, vislumbramento.

Questiona-se pelo teu desígnio,
pelo seu fim, por sua finalidade,
qual a teleologia do meu corpo,
se nascestes assim como árvore?

Qual é o desígnio do designado,
repousará ele tudo o que existe,
vive-se por ter-se um propósito,
germinar tua própria finalidade?

Se tudo que permanece, tem em
si mesmo intrinsecamente sente,
qual seria o sentido de se existir,
denotaria válido, perene, eterno?

Segundo as ações que perpetrais
diretamente em sentido do zero,
não sabes o que pode ser eterno,
abstrações que levam ao inferno.

Arrazoastes ao ser humano pelo,
motivo das virtudes ser desígnio,
elas acrisolam qualquer criatura,
que se propõem à magia telúrica.

ESTOICO

Caminhei o caminho caminhando,
como se caminha um caminhador,
caminho esse que não separa-se da
dor, caminhador sem um beija-flor.

Óh, a dor quão maravilhosa fostes,
pois enquanto caminhava sentia-te,
admirava-te, em meu solicito peito,
compreendendo com muita atenção.

A qual pode compreender, o poeta,
que tu és tanto necessária e pícara,
quanto a euforia dos eufóricos que,
no seio de seus próprios desesperos.

Confundem-na, com as felicidades,
em devaneios estoicos, propus-me,
somente com o meu corpo senti-la,
porquanto, ousasse compreendê-la.

PERCEPÇÃO

Seguindo por tantos lugares,
que a existência propõe-nos,
peregrinei! Por vários deles,
crespos, tortuosos, ruidosos.

No entanto nestes devaneios
apreendi que cada indivíduo,
possui o teu próprio caminho,
assim como lobo pisa sozinho.

Não é de difícil compreensão,
por mais que a palavra possa,
expressar a qualquer situação,
não passaria a pequena alusão.

Atentei-me ao que a vida quis
dizer-me, até um homem com
pouco saber, poderás entender,
trilhar o bem sem se corromper.

AR RAREFEITO

O que haverá de errado,
com os entes humanos,
perscruto o ar rarefeito,
para o dilema, resolver.

Em seguida abanco em
profundas elucubrações

procurando tatear essa,
plausível, mentalização.

Estou achegado a criar,
um ser da mais castiça,
e perspicaz elucidação,
obra última da criação.

Uma ideia pode ter um
ser criado numa mente,
e não somente aparente
com o espírito, vivente.

Por meio de seu pensar
profundo manifeste ou
modifiques seu mundo,
a vida não é, o absurdo.

Porquanto, não consigo
pensar em quase lhufas,
queres um pensamento,
aperfeiçoado, uma luva.
Copie o pensamento de
outros, indistintamente,
então fique proibido de
pensar libere tua mente.

FIM DO CAMINHO

Na angústia da solidão, no amparo da solitude,
uma idealização em ter alguém, ao lado, não à
sua frente ou atrás que compartilhe de anseios.

Análogos que ajudem-se a cumprir com o ser e
não o ter passa, ligeiramente, em minha mente,
em quais momentos do destino vamos nos fitar?

Quais seriam as possibilidades de nos encontrar
e nos achando o que o nossos corações falariam,
talvez, identificar-se-iam na particular da poesia?

Na odisseia dessa vida o viajante que não teme a
chegada está ciente de que tudo nessa via um dia
passa, em meu caminho não vejo entes, de graça.

MONUMENTA

Muito padece aquele sem ter a consciência,
do mundo em que vive ofuscado no sistema,
acovarda-se o outro, que segue como louco.

Seu destino absorto, cada ser humano é um
mundo peculiar, adverso de todos os outros,
penetrando nestes versos quase fiquei louco.

Vejo por aí um mundo de pessoas e em cada
uma delas, vejo díspares acepções de mundo,
mundo com saber para lhe dar com o mundo.

Sendo um mundo o indivíduo vivenciando o
caminho favorável ao seu adequado ladrilho,
que seria das interações destes vários astros?

Os mundos habitados por completos milhões
de túmulos, onde cada indivíduo sobrevive o
teu azado mundo sendo um egoísta profundo.

A convivência entre os mundos é um desafio
confuso mas anima a alma no teu sentimento
obtuso, e pode causar entendimento obscuro.

MYSELF

Nas entranhas dos
julgamentos ficais
atônitos, nervosos.

Porque a colossal,
e, grande maioria,
olham para troços.

E disparam os teus
barulhos ruidosos,
atacando, pessoas.

Meditam arrazoar,
alaridos arriscados,
disparam a emanar.

Sobre tuas pessoas,
e elas mesmas não
convém que entoar.

Julgamentos pueris,
com percepção que
tem alguém infeliz.

Daquilo que olhos
conseguem avistar,
mas não vai ajudar.

Julgar a si mesmo,
é a tarefa razoável,
a dor, é suportável.

O HUMILDE DE CORAÇÃO

Ao lado de muitas pessoas,
eu gostaria de estar, porém,
logo enxergo-me e passo a
humildade, tentar alcançar.

Pois como poderiam tantos
Universos, conviverem em
união sem ao menos algum
atrito provocarem, aluvião.

Com suas dessemelhanças,
nós trataríamos que lhe dar,
por outro curso estou a me
certificar e a boca silenciar.

De que outro modo o ente,
dentro de mim poderia seu
próprio mundo aperfeiçoar,
se virtudes não conquistar?

A humildade é uma delas,
porquanto, tem-se que em
cima do favorável orgulho,
da vossa fantasia arrancar!

NEBLINA ESFUMAÇADA

Nas mesclagens cinzas dessas senzalas,
todas elas antigas e empoeiradas, onde,
uma neblina fina paira esfumaçada com
enormes pedras nas paredes energizadas,
e energias de pessoas muito angustiadas.

Com extremas barras de ferros na frente,
de bitolas frígidas, exacerbadas e firmes,
vejo corpos deitados ao chão de calhaus,
vários deles mutilados e ensanguentados,
agarrando-se uns aos outros na escuridão.

Como velhas ovelhas tristes, desgarradas,
debatendo-se na escuridão sem bater asas,
padecendo o glacial das frias madrugadas,
com seus corpos, capacitados onde ficam,
tendo que especar as extremadas jornadas.

Não valendo se mulher, velho ou criança,
todos estão em semelhantes circunstância,
e já não há nenhuma ventilação, no porão,
nem abertura nas paredes, no teto ou chão,
estão todos presos sem nenhuma condição.

Dentro do branco a vívida dor de seu olhar
via-se o desgosto, a carência, o sofrimento
todos esses seres humanos estão a anunciar,
que a senhora morte, peregrina para chegar,
entre eles aguardando, a quem pode desviar.
Um gemido, um sussurro, não se pode dar,
existem sentinelas dispostas as lhes açoitar,
já que o poder nas mãos de gente tenebrosa,
que não respeita a vida e passa a assassinar,
há em olhos honrados vontade de se libertar.

GRANDE ESPÍRITO

O Cacique, põe a mão, em meu peito,
já não consigo mais, ater a respiração,
dos meus olhos as lágrimas escorrem,
ao ver, um dos meus filhos a prantear,
minha esposa, não consegue acreditar.

Com armadilhas, espingardas e horror
eles vieram para a mãe terra colonizar,
e estão matando todos índios caboclos,
que não almejarem para eles trabalhar,
ouço gemidos na aldeia como um todo.

Pois nós estamos morrendo aos poucos,
sem ninguém para ajudar, ou lamentar,
de repente, ouço um intenso estampido,
mais um indígena caído como um toco,
com um forte relincho o cavalo estoura.

Ao lado escuto uma criança com choro,
desesperadamente pedindo um socorro,
com as mãos nos olhos não pode bispar,
para nós não resta nada mais a esperar,
a aldeia pega fogo os índios a queimar.

É o homem, pequeno, infantil, e louco,
que a nova civilização quer implantar,
será, que a gente, do seu próprio povo,
não consegue, num momento, duvidar,
estão matando aos poucos sem hesitar.

E num momento de derradeiro esforço,
quase já perdendo, meu último folego,
olho, ao Pai Céu, para lhe contemplar,
já em minha garganta sentindo sufoco,
rezo ao Bom Espírito para me entregar.

OLHOS PARA SI

Pela manhã, inicio meu chá a tomar,
não é minha pretensão desqualificar,
porém, o que há adentro do homem,
que é difícil a si mesmo, averiguar?

Ora, mas quem sou eu para o julgar?
Todos os seres racionais marchando,
sem olhos próprios para autoanalisar,
o que será de nós viveres neste lugar?

A maior parte profere-se observante,
mas o si mesmo não consegue notar,
percorrendo eles veem todos os seres,
mas eles mesmos não contém ciência.

Será que realmente devo tudo criticar?
Se observo, essa ingênua observação,
não é a minha maneira, de enxergar?
Refletido ao espelho invertido estará.

Se alterassem o interior do meu peito,
será que outro mundo, contemplaria?
A multidão a tudo e a todos olhando,
sem sua própria face, poder enxergar.

Como pode ser triste ao ser humano,
passar sua vida embaixo de um pano,
a todo tempo, descendo e escalando,
sem saber de verdade onde irá chegar.

AQUILO

No vazio ou no nada vós o podes escutar,
naquele momento em que o nada ouvires,
cintilante de tão sutil quase imperceptível.

Ainda quando o som, que não é som atua,
no lapso temporal Daquilo que não existe,
Aquilo que não conhece não é conhecível.

Ainda que, absolutamente, tudo soubesses,
ainda assim Aquilo ser-lhe-ia inconcebível,
exatamente por isso jamais compreenderas.

Mesmo identificando o círculo concêntrico,
com aquele ponto obtuso ao meio o centro,
pensando ser Aquilo assim não encontraria.

E com seu profundo sentimento, extraindo,
o máximo do pícaro, de seus pensamentos,
não o poderia, se quer, aproximar Daquilo.

Que não tens capacidade tu de interpretar,
mesmo se o eu ambicionasse lhe explicar,
discreto e calado melhor, lhe seria o ficar.

Pois, quiçá, no mais profundo do silêncio,
tu talvez, com esforço possas contemplar,
e assim, quando o conheceres ao inspirar.

Daquela forma, que jamais ouvires, falar,
com palavras nunca o conseguirás narrar,
seria melhor que saíres ao teu canto nessa
hora calado, quieto, mudo, fiques a chorar.

O VERDADEIRO MOTIVO

Todas as grandes civilizações caíram,
os Persas, Incas, os Astecas, e Maias,
pelo poder do tempo eles ajoelharam,
que houve no interior de seus anexins,
se do aquartelamento não ressurgiram?

Através das guerras se autodestruíram,
com as mortes, os cadáveres o sangue,
as ruínas, os escombros e a destruição,
bombas, missivas, jatos e porta-avião,
sadismo impregnado, em seu coração.

Estes, são seres muito perversos, que,
não juntam para o contraste da nação,
e os povos consentem à subordinação,
que vivamos em um planeta amoroso,
florindo nosso coração com evolução.

Os seres não se unem, são manejados,
a política pública é obsoleta superada,
que mantém o todo dentro de sua casa,
sem terem condições de tocar suas asas,
por isso estamos presos sem saber nada.

GIRASSÓIS

O que pode nascer de uma explosão?
Tudo o que pode-se perceber é a dor
a miséria o sofrimento e a destruição,
será, que não existe outra maneira de
construir sem carnificina essa nação?

Por que, ninguém pensou em plantar,
girassóis no largo leito do rio Jordão?
Ou fazer com que caia chuva regando
o nordeste, e até mesmo, o meu sertão,
fazendo florescer vida a todo cidadão?

Não me deixes sozinho, na escuridão,
nas vidraças, ruas e portas, as pessoas,
alegres, vívidas e afáveis, onde estão?
Não consigo viver só, em um planeta,
sem meus semelhantes a mãe natureza.

Faria para mim um análogo protótipo
e o nomearia com os nomes da morte.
Porém alguns, odeiam o ente humano,
por terem sofrido pueris humilhações,
cabisbaixo, ficastes agora no aluvião.

O ser humano é maravilhoso, perfeito,
lindo e admirável em sua imperfeição,
você, só tem que aprender, uma lição,
de percorrer concomitantemente e não
contra a situação não vá na contramão.

Perdoe e perdoe a todos sem qualquer
distinção, pois humilhado e maltratado
fortaleceu, o indivíduo de bom espírito,
porquanto, não sejas vós como um tolo,
acriançado e birrento que gera tormento.

INJUSTIFICÁVEL

Por que não viestes a mim de forma
nenhuma, a compreensão da guerra?

Todo e qualquer conflito armado que
tenha o escopo matar para conquistar.

Troca de bombas, ódio gerando morte
no seio desta sagrada e tão farta Terra.

Espalhando mortes contra si próprios,
derramando sangue na terra, sórdidos.

Assim compreendi que essa tal guerra,
somente justifica-se pelo ato da guerra.

Assim não compreendi essa tal guerra,
porquanto foge à minha compreensão!

Qualquer reflexão que tenha a respeito
melhor é refletir, sobre outra situação.

O QUE É A COVARDIA

Seria muito heroísmo sem nenhuma covardia,
ou, talvez, sadismo, sem qualquer clemência?
Domina o altruísmo em contraste do egoísmo,
e o materialismo dispensando o espiritualismo.

Que seja a vida prevalecendo-se sobre a morte,
são vários combates, desagregando as adesões,
sem falar em paz o subdesenvolvimento guerra,
será que haveria roubo sem qualquer restituição?

Consubstancialmente furtos sem ressarcimento,
e não há xingamentos com pedidos de desculpa,
sem os lamentos elevando-se em contentamento,
agravante reclamação com ausência da gratidão.

Esse fedor fétido da podridão desloca proteção,
clareando a escuridão, trazendo esclarecimento,
há crianças, choro, lamento, expressão e alegria,
são mais lágrimas obstaculizando todos os dias.

Há muita conversa contrariando o entendimento,
falar, se fala e fala mas preferem nosso silêncio,
sobrepondo a ignorância, quase sem a educação,
é muita desarmonia, sem nenhuma consideração.

A expressão é o nervosismo aniquila a paciência,
prevalecendo a frieza iludindo toda sensibilidade,
mais eficaz é solidão do que as más infelicidades,
o sadismo é a maldade sem qualquer fraternidade.

Louvar e adorar a agressão não perdoa desagrava,
invadindo a invasão sem auxílio reconhecimento,
o desperdício de alimento não deixa a moderação,
alguns tem comilança, mas não fazem sua seleção.

Da fofoca sai a morte e incapacita toda meditação,
provocas somente dor, e eles tem plena convicção,
sendo muita imundície sem qualquer higienização,
permanecendo na escuridão não virão o resplendor.

É a fabricação dos túmulos sem os nomes na lápide,
com a forja do desmatamento superas o argumento,
retiram de si o remorso sem o pedido de absolvição,
com muito simbolismo sem nenhuma compreensão!

O VERDADEIRO VALOR

O que vós criatura pode querer,
mas que vós poder possa querer,
que não queiras ter mas sim ser?

Pensa vós que tendo demudarás
vosso viver, e em seu profundo,
interior continuarias, a nada ser.

Se tudo tivesses e continuasse a
sofrer, qual significado poderias
isto, essencialmente, lhe trazer?

É como, se colocasse um peixe,
em outro ambiente para reviver,
peixe ele ainda continuaria a ser.

São aqueles que exclusivamente,
a força dos olhos conseguem ver,
eles não conseguem se satisfazer.

Mas não só o corpo possui olho,
nossa psiquê, também pode ver,
mas tu só pensa em se satisfazer.

Por que vivemos em um mundo,
extremamente material, obscuro.
Você quer sair de cima do muro?

Porque isso ao humano lhe falte,
embora a instruir-se mas a Terra,
far-lhe-á sutilmente lhe abranger.
Conspurcado, e obsidiado o ente
externo começa a auto contorcer,
és a criança gritando com a Mãe.

Ele acha-se grande não aprendeu
ainda a correta ação que o coloca
no caminho, que o leva à direção.

Viajante tenho somente o ditame
iniciante e tentarei lhe esclarecer,
com seu coração possas tu o ver.

Bebas, a água na fonte e queiras
alterar vosso ser, pois alterando,
a criatura transformará teu viver.

Carregando convosco os valores,
que vós não podes, desconhecer,
com as mais esplêndidas florejas.

Mas agora, vós poderás conviver,
pois o induzirás consigo, Aquilo,
que da morte tu poderás abateres.

Nesta arte, com todo o imaterial,
que acumulastes, naquele portal,
agora, vos poderás, transparecer.

A PEDRA

Depois de teres conquistado tudo,
depois de conquistado os mundos,
o que, esse pequenino anãozinho,
imaginável, almejaria em querer?

Conquistar outro planeta isso sim,
que é uma criatura inteligente que,
o teu próprio mundo não conserva,
o que no outro ele tentará alcançar?

Por isso, se conquistes tudo menos
conquistes a vós é menos intricado,
de se fazer, é o que lhe apetece ser,
vós não tendes olhos, a reconhecer.

Porém, não retrocedas reclamando,
de ter vossa infelicidade, contraída,
se tens biografia com vosso espirar,
o amanhecer, é um novo recomeçar.

E recomeces todos os dias se assim,
levantar o guerreiro, for necessário,
levantando-se, e carregando aquela
pedra, que todos os dias você se vê.

ECLIPSES

Os vívidos, chamejantes, e
acauteladores raios solares
invadem, todo o meu viver.

É.. o Sol estais aparecendo
para que o botão das rosas,
possam do oculto florescer.

A misteriosa chuva caindo,
refrescando, o lusco-fusco,
penetre raios e relâmpagos.

O cheiro de terra molhada,
purificando, a antemanhã,
orvalho, logo a evanescer.

E o vento diáfano assopra,
provocando uma sibilação,
que ninguém, pode conter.

É tão claro, o transparecer,
vais, continue mergulhado
no interior, do humano ser.

A luz negativa renascendo,
demonstrando-se ser velha
irmã da prosaica claridade.

Em cada ponto no céu que
brilha, como poeta, posso,
seguramente o reconhecer.

E a rainha da noite chega,
ela, a frondosa Lua cheia,
clareando, nosso ilusório.

Com suas várias nuances,
estático e admirado ficais,
em reconhecer tua beleza.

Mesmo, a distância entre,
planetas tende significado
oculto aos homens, conter.

Do contrário que seria dos
eclipses naquela perfeição,
que alcançamos percorrer?

E as girafas com pescoços
alongados e teus corações
com os ventrículos unidos.

Para um aneurisma não o
sofrer, e que maravilhosa
impenetrável criação esta.

A natureza tão misteriosa,
o homem não o consegue,
com cérebro compreender.

Tudo, a acomodação dele,
entretanto, o homenzinho,
tende muito, que ascender.

Incluo com irrestrita fiúza,
todavia mais-que-perfeito,
um dia o homem há de ser.

E tudo aquilo que ele tocar
principiarás, belo florescer,
estabilizando o vosso viver.

Só carecemos que por hoje,
com a astúcia da paciência,
o nosso corpo, permanecer.

Irá achegar a nossa aurora,
está claro como a lua nova,
surgindo no belo horizonte.

Por isso não vos relute em
trilhar o ancestral caminho,
continue a marchar sozinho.

Todos os inventos que agora
avalizares, igualmente, mais
tarde, trarás vós de recolher!

Todavia, pense bem no que
nestas artes estais a praticar,
vossas ações irão se realizar.

O MAL DO PRECONCEITO

Várias línguas são encantadas.
– E quantos toques entonados.
Mais tantos sotaques, falados.
– O número de vozes audazes.

Costumes abalizados firmados.
– A evidente cultura coagulada.
E folclóricos mitos perpetrados.
– Antes que lendas mitológicas.

Milhões de comidas nos pratos.
– Poderosos temperos é o trato.
Enigmáticos aromas emanados.
– Distintos sabores espalhados.

E surpreendentes instrumentos.
– Destacam afinadas serenatas.
A emissão da melodia narrada.
– As interpretações, são fadas.

Simbólicas, pessoas, nas ruas.
– E as exóticas faces são nuas.
De olhares e olhares desiguais.
– Milhares de corpos, surreais.

Na fauna, vozes não fala mais.
– A flora satisfação, para mim.
Há densas florestas, arvoredos.
– Destacam, aurora sem medo.
Os imensos vales e montanhas.
– As esplanadas, são tamanhas.
Vejo planícies, assim córregos.
– E a alvorada é novo episódio.

Os indefectíveis sáris, cuidados.
– Também tem dhotis abolados.
Como o salwar kameez, existes.
– E destacam-se a lehenga choli.

Adiante de tudo estás o respeito.
– Vossa linda amizade eu aceito.
Indefinidos sorrisos são códigos.
– Exalam o amor, invés, do ódio.

MULTIPLIQUE

Da pedra, do barro e da argila, deves tudo, considerares,
replicaras tu a maldade, se não sabes quem anunciastes?
Porque se tu replicas a beleza, isso há de multiplicardes,
podendo retirar a dor e tristeza de dentro de muitos lares.

Este poeta namoraria de ponderar sobre suas felicidades,
sobre os oceanos e rios, florestas, vulcões e as paisagens,
o tigre, leão a cor do camaleão pintando uma alucinação,
o vento forte e dunas escaldantes, pelos mares adornarão.

Das torrentes marítimas que nos levam a explorar lugares,
dos cúmulos nimbos nos vultosos quilombos de palmares,
discorreria idem até do cometa, caindo sobre esse planeta,
da criança ataviando e sorrindo, tudo passa de brincadeira.

Das borboletas azuis, amarelas e violetas, que polinizam,
nossos belíssimos lares, não só campos verdes, silvestres,
várias espécies de pássaros, que cantam em todos lugares,
das pessoas se cumprimentando, sem seus olhos retirarem.

Do sorriso estampado no rosto, a uma lágrima, estancares,
das geleiras os icebergs, das Cadeias e dos Globos de todo
o florescimento do desabrochar, e de tudo o que respirares,
da água, terra, fogo e do ar, dos elementos que o completar.

UM CORRUPTO

Ninguém, conseguirá mudar
o mundo ou esta civilização,
sem transformar-se primeiro,
do contrário ficará na ilusão.

Conhece-se, um corrompido,
como conhece-se um aluvião,
no trivial atravessar do sinal,
que não dê devida permissão.

OS CEGOS QUE PENSAM ENXERGAR

Nas turvas, e escuras sombras das noites,
enraizadas nos olhos dos que estão cegos,
os quais, imaginam, que podem enxergar,
alastrando-se, seus pensamentos pérfidos,
nas trevas seus desejos buscam mergulhar.

Regozijam-se em reproduzir sua maldade,
poderosos sentem-se, chamas flamejarem,
assombrosos terrores de horror e vingança,
pobres e miseráveis, nefastos, cegos e nus,
apesar de olhos terem a verdade não veem.

Dentro das mentes frias, insipidas e vazias,
a todo instante estão a maquinar a maldade
lisogeiam, seu próprio modo de atrocidade,
jurando detentores dos meios de assassinar,
inconscientes a Lei, não sabem, interpretar.

Batem no peito, ameaçando uma vida tirar,
querem respeito mas não querem respeitar,
peregrinam como percevejos doentes com
vontade de infectar porém não perdem por
esperar a própria morte os ei de sentenciar.

A DUALIDADE É UMA ESCOLHA

Em um planeta dual o que devemos partilhar?
Abrindo esse véu paro e sento-me a imaginar:
se há dualidade porque no lado negro habitar?

Imersos, no fenômeno da dualidade devemos,
como, nos comportar? Enquanto uns dão vida,
outros, pretendem tirar, não sabendo eles que,
de cada um, a própria história lhes irá tributar.

Pois a Justiça Divina, também possui o vosso
aguçado e fino olhar, que, consequentemente,
a Mãe Natureza, tudo acerca-se a reequilibrar.

Onde suas efêmeras vidas vós poderás passar,
quando a Balança da Justiça lhes vier tributar?
Com certeza que suas dívidas a terra lhes irás
reivindicar, pois o olho de Deus não dormirás.

AMPULHETA

Não me desespero, mas
experiências, irei viver,
quando com dor estiver,
devo distinguir o querer,
guia-me no meu dédalo,
sabe por onde percorrer.

De fatos frívolos inúteis
preenchem-se o meu ser,
isso somente me ocorre,

porque, eu não gostaria,
de fielmente reconhecer,
que imaturo poderei ser,
recalcitro-me, a crescer.

Quando a idade eu tiver,
não sobrarás, para mim,
outros episódios a fazer,
olharei para trás e verei
os frutos, do meu viver,
mas agora o meu tempo
acabou, apenas me resta
como ave fênix renascer.

A MORTE

Algumas criaturas,
causam estranheza,
desde o nascimento,
até a morte, vivem,
sem alguma clareza.

Gastam suas vidas,
com divertimentos,
buscando dinheiro,
lazer mas a tristeza
dentro de si jamais
tentam, reconhecer.

Porém, reflito sobre
um cadáver em um

caixão, e questiono:
e hoje o que irás tu
buscares ao teu ser?

Por isso, sinto uma
dor muito profunda,
a oportunidade fora
toda desperdiçada e
agora, não poderás,
desse mundo levar,
absolutamente nada.

IMORTALIDADE

Se no tálamo com a morte, eu me deitar,
espero que por mim não fiques a chorar,
porquanto, saibas que o corpo ao deitar,
um ser com todas experiências colhidas,
como um novo espírito há de se levantar.

E ainda, saibas mais, óh tu Consciência,
inconsciente de tua própria consciência,
da infinita, infinitude de toda existência,
inclusive de vossa vida faça um ciência.

Assim como a vida imortal ainda vos és,
porquanto, mesmo, que pares de respirar,
eternamente, continuarás em outro lugar.

Gravada na eternidade tua personalidade,
para sempre consigo levará por onde voar.

Por isso vossa personalidade deves trocar.

CONHECE A TI MESMO

Dentre de todas as buscas humanas,
a mais abalizada e menos desumana,
dimano a ti por esta criatura profana,
não é realizada pela espécie humana.

Seduzida, hipnotizada como narciso,
e olha teu reflexo no espelho d'água,
apaixona-se, por aquela criatura que
se faz de encantada seu reflexo nada.

Esquece-se de olhar, para si mesmo,
e questionar-se sem o medo e pavor:
o que há aqui dentro deste corpo que
causa-me, sobremaneira, muita dor?

Será, que, se subtraísse os negativos,
os positivos avançariam, com valor?
Penso, o que poderia de mim extrair,
para que, avançasse, com mais amor?

Será que aquele que se denomina eu,
utiliza a metalinguística sem ciência,
por não conhecer vossa interferência,
aspirando a atingir quem é pensador?

Não chegaria de uma forma positiva,
às perguntas, as quais, consumariam,
com os véus quem que descortinaria,
quem é esse som, que está indagando?

CAMINHANTE PERDIDO

Preocupado devo estar em a religião,
querer alterar e a economia acelerar,
ou, mesmo na política, me destacar,
talvez se o time do jogador vencerá.

Atribulado mesmo dever-me-ia ficar
com todas nuances do meu despertar,
principiando, ao silêncio contemplar,
para que ouvidos alheios, não calejar.

Preocupar-me-ia em alterar múltiplos
defeitos internos, teremos de analisar!
Ansiando o externo em mim demudar,
meu próprio eu afirmo não compensar.

Olho para o outro e insisto em criticar,
como se de mim não pudesse declinar.
Profundamente, verificando meu jeito,
a doutrina dos olhos, consigo suportar.

No momento, em que pretendo mudar,
muita coisa em mim terei de modificar,
mas essa dor intensa, não quero causar,
que doa no outro sem que possa ajudar.

Meu ente mesmo não irei esquadrinhar,
porque, sou corajoso e forte a ludibriar,
quando estafado no leito chego a deitar,
aquele personagem, vejo desconfigurar.

Outro personagem, vós tratarás de criar,
como a verdade é idêntica a uma pérola,
se ela vós quiseres a encontrar, terá que,
levantar-se do teu trono e sair a procurar.

E o egoísmo, aflora-se em vosso interior,
na experiência frívola de o outro moldar,
tendo vossa persona como arquétipo tudo
e todas as coisas então passa a condenar.

E quando não tenho ao outro arrisco o
imitar, mas, não sei quem sou e ajuízo
que louco, poderiam as criaturas estar,
essa conjetura é um cisco em teu olhar.

Assim, continuo a caminhar com esse
meu jeito do mundo observar e a vida
do meu tamanho poder admirar e sem
saber eu mesmo quem está a palmilhar.

AS ESPERANÇAS

Como é linda, a esperança.
– Como sorriso da criança.
Mas são tantas as crianças.
– Elas são nossa esperança.

A esperança é uma espera.
– De uma resposta incerta.
Mas briosa, justa e franca.
– Que dirá alguma criança.

A esperança, é a arte final.
– Difícil, de compreender.
Esperai, deixe-me pensar.
– Sentado, deitado em pé?

Parece, ser a pura opinião.
– Talvez, seja exacerbada.
De quem espera, e espera.
– Também anseia e cansa.

Será, talvez, que alcanças?
Não pode ser, apenas isso.
– Esperar é trivial demasia.
Isso é tempo, ele é valioso.

– O nome que sugere algo.
– Termina antes da espera?
Quem espera que alcança?
– De alguma forma, mas...
Não é, exatamente assim!
– O que há com o mundo?
Para viver a deixaremos ir.
– O antônimo é desespero.

Continuaremos... a viver!
– Desespero, e esperança?
No lugar onde estivermos.
– Se importantes para ela?

Ela, tem de encontrar-nos.
– Com certeza, duvidares.
Para uma arte lapidarmos.
– A esperança é a criança.

– Que você menos espera.
Tic-tac... tic-tac... tic-tac...
– Coloca a coisa no lugar.
Isso é a arte de se esperar!

– Mas, quem é o Senhor?
Não, eu não sou o tempo.
Espere, um pouco a mais.
– Não posso mais esperar.

Já sei, tens de palmilhar...
– Do contrário esperanças.
Podem ousar, nos alcançar.
– Elas podem lhe ludibriar!

A CANOA SEM REMOS

Enquanto discutires indistintamente,
sobre a vida alheia de tantas pessoas,
que frivolamente e continuadamente,
a todo instante, permeiam sua mente.

Sua própria vida seguirá como canoa,
sem remos em alguma ardilosa lagoa,
ficando ela ausente de uma discussão,
flutuarás no mar, sem saber onde vão.

DIÁLOGOS

Ora! Se percebo várias
pessoas, conversando!

Uma questão me vem,
do que poderiam estar,
discorrendo, no arem?

De tuas próprias vidas,
se teu caráter, convém.

INCONSCIENTE

Planetas, Estrelas, Galáxias,
Júpiter, Mercúrio, e Vênus,
Plutão, Saturno, e Aldebarã,
a Andrômeda e Nicodemos.

As Constelações, Universos,
buracos negros, Multiversos,
Sol, Luas, Cometas, Alcione,
cinturão de asteroides, Pluto.

Minguantes, turvas, grandes,
pequenas, infinitamente nós,
cheias e incontáveis planetas,
mas isso é tudo que sabemos?

ESSE SOU EU

Um lúdico, um bárbaro e
um tormento, ainda pulsa
em pensar num turbilhão,
são vívidos, pensamentos.

Avistando consigo divisar
mundos internos, do meu
interior, mas o que dizer é
de ofuscar o entendimento.

Se não consegues entender,
o que estou pronunciando,
as lamparinas e luminárias,
com suas chamas ao vento.

Vento, vento azul brilhava,
aurora, sem nada de boreal,
na simpatia de uma emoção,
fica aqui a minha exultação.

Escorregadio, frio e gélido,
é o desalento, mas brilhará,
em relapsos se transformar,
os meus tristes sentimentos.

Exponencialmente icônico,
diferencio, de tudo o que é,
a existência do inexistente,
mas, você não está ausente.

Perplexo e obtuso, é o seu
raciocínio, se é que existe,
explosões raios e sinapses,
que são sauís verdes, rosas.

São tudo, que há aí dentro.
Egoísta, intrépido, fraco e
fortes, que seja o teológico,
a luz negativa é o teu norte.

Raramente tu o transportas,
vulcões, tonados, tsunamis,
crateras, erupções congela,
um gélido tristão, que sabe.

Ou não sabe sem saber que,
compulsivamente pulsando,
abalo contínuo, sofrimento,
fogo, nada mais é da chuva.

O elemento terra, semiterra,
água, semiárido, semideus,
areia deserto que diz adeus,
complexo, e corroendo-me.

Contorço-me aqui é dentro,
no brilho, no frio, é escuro,
se estivessem todos juntos,
mente, pé, sapato no peito.

Raios de luzes, acusam-me
um efeito sombrio, engano,
branco, azul, que cores são,
iguais, normais todo tempo.

Reluz, fulgurantemente vi,
na neblina daqueles ventos,
transfigurado todo o tempo,
faz jus isso tudo me traduz.

No arco-íris infinito és luz,
o eterno circular do círculo,
o ciclo, que conduz, a foça,
do meu pensar aqui dentro.

SEJA TUA PRÓPRIA REVOLUÇÃO

Pensa que é trivial continuar,
que lugar complexo é esse de
se encontrar mesmo os que o
encontram custam a perdurar,
só resto eu para lhe recordar!

Para manter-se nessa cancha,
verdadeiras lutas, e batalhas,
internas terás tu que afrontar,
em condições ficar sem falar,
para tua originalidade formar.

Alguns, em vós poderão até,
se aproximar e abusando-lhe,

de forma sagaz a vós embair,
se não tiverdes brio no olhar,
logo vos deixarás, se derivar.

Porquanto, seja você mesmo,
em qualquer hora ou ocasião,
mantenha seu pulso ali firme,
e sua personalidade incólume,
para superar, toda a opressão.

Prováveis impropérios a seu
desfavor bem que proferirão,
porém, não fique cabisbaixo,
isso, independe do momento,
agarre firme a tocha, o vento.
Essas coisas quase sempre te
ocorrerão, somente covardes,
estes, ousaram a provocação,
seja você sempre livremente,
viva a vida free com a mente.

Moldando a ti mesmo, sendo
vosso próprio franco martelo,
erigindo, em vós a revolução,
como uma, intacta mas sólida
persona, mantenha os valores.

Os princípios, são adquiridos,
com o derreter do ferro e aço,
que as labaredas da vida não
vos queimarão, e tu passarás
nesse precipício de escuridão.

O HOMEM INTERNO

Talvez, mais perfeito seja repousar,
já estou, meio sonolento e esfalfado
mas, de repente olhando para o lado,
vejo que eu me encontro, encarnado.

Felizmente não poderei tão-somente,
ficar aleitado, como num relâmpago,
levanto-me estonteado, todavia não,
oh não, jamais possuí aquele cajado.

Destarte é preferível ficar ajoelhado,
fazer uma prece à Deus, suplicando,
sua ajuda para toda humana criatura,
oh Criação, aconselhe vossa criação.

Fico até com os olhares arregalados,
de pensar no que eu sinto, sinto-me,
velho, mas tão velho como o diabo,
ah, mas que artrópode interiorizado.

Tudo, que um dia já fora engraçado,
e o mundo que era, como um parque,
tudo não passava de uma piada, hoje
essas diversões, já não são excitadas.

Porque o poeta cresceu e é ultrajado,
é assim, que ele quer ficar acordado,
por trás das câmeras de todo cenário
para nunca, jamais sejas visualizado.

Quando findarem seus dias na Terra
retornará para o lugar, de onde fora
enviado, entretanto somente depois,
de muito ter-se lapidado e laborado.

Porém, peço a vossa, compreensão,
para mim não há nada mais jocoso,
sinto-me por dentro tão velho e tão
idoso, o alimento se tornou furioso.

E o playground da Terra quase todo,
devo ter passeado, e os que embora,
não passei, devem-se ser assimilado,
só espero que um dia alguém profira:

Aquele tributário deve ter trabalhado!

O HOMEM TEM DOIS LADOS

Não raramente saio às ruas, e
tento um diálogo interessante
discorro com uma pessoa não
sabendo o que é simpatizante.

Sei que todo homem são dois,
S. Freud deixou demonstrado,
converso com o corpo na rua,
sabendo, és a alma encarnada.

Seu corpo, diz-me uma coisa,
enquanto sua alma fica calada,

no mais profundo do teu olhar
percorro uma pupila contraída.

Ousando procurar a mais pura,
singela, excêntrica veracidade,
seus olhos confessam vaidade,
ainda, sem a mente ter notado.

Vou-me saindo mais uma vez,
além disso triste decepcionado,
pois buscava falar coisas úteis,
e ter um colóquio embrenhado.

Todavia, o ser humano possui
medo, em demonstrar quem é,
com o receio de ser assentado,
e vivendo como ser fantasiado.
A aleivosia sendo disseminada,
nesta arte vivem transtornados,
sem saber o correto ou errado,
estão como cegos e abdicados.

E o pior, atinam-se acordados,
equivocam-se são ludibriados,
volto ao meu quarto irrequieto,
não posso mais ficar acordado.

SEM PALAVRAS

O atual ser humano, ousa em derrogar,
outros planetas para os poder explorar,
todavia, será que claro não está, o que
ele está realizando com seu próprio lar?

Imagines vós o que ocorrerás, se mais
um planeta ele o colonizar, certamente
que destruído ficarás pois este homem
tão-somente alterca em autolocupletar.

Minerar, pequenos e grandes planetas,
interessado ainda em grandes cometas
para mais império encontrar, dominar,
sentir-se o grande e bater em seu peito.

Não há ninguém maior que os homens,
tudo o que quer, ele irá à força invadir,
porém é pobre e insensato em teu falar,
não vedes, que destrói a vós mesmos e

[não terás sem a natureza onde habitar.

Certifico, a criatura humana é natureza
e é com a natureza que ela careceria se
harmonizar, sua ganância acabará, por
destruir seu habitar, serás preciso falar?

Sua natureza ele não consegue cultivar,
e um escravo então, vós irás vos tornar,
porém não fique infeliz em saber o mal
a conscientização, é vosso colírio ideal.

O Cosmos és muito maior que ti e com
certeza ele irá colocar cada um em seu,
respectivo locus, melhor teu andar logo,
o sofrimento e angústia terás que lograr.

Se todos nós pudéssemos amar e cessar
de se alienar e com as pessoas partilhar,
um planeta novo, nós poderíamos criar,
para isso o homem tem de se reinventar.

A criatura humana, com sua brutalidade,
que sempre infelicidade tem de suportar,
enquanto seu próprio interesse ela caçar,
não será propenso à Mãe Terra, se curar.

Toda essa fatuidade em aspirar dominar,
esse vazio em seu peito não conseguirás
retirar relutando contra si o mesmo para
toda uma eternidade novos ciclos tornar.

Nenhum salvador, realmente vos poderá
amparar, o humano é adequado a salvar,
se até nisso os dominadores deste mundo
vos enganou, se não entendeu, acreditou.

O GUERREIRO ARJUNA

Já não sei mais, o que arrazoar,
nem mesmo o que da abstração
materializar, para que eu possa,
um magnífico ode, em um belo
e frondoso vaso, fazê-lo brilhar.

No entanto esse trovador não se
esmera em despertar com afinco
e apreço, sei que devo continuar,
pois com versos poderei auxiliar,
dando vida a cada vida, partilhar.

A todas aquelas belas almas que
estão a amadurecer, ainda assim,
por outra porta não, ei transluzir,
abraçarei firme o meu propósito,
mesmo, que se eu tiver de partir.

Sem nem mesmo pestanejar pois
sei o quão complexo foi para até
aqui conseguir atracar e persistir
triunfar nos aguilhões do fadário
vencerei com amor mercenários.

Só agora que pude encontrar-me,
não devo e nem irei descontinuar,
como discípulo o arqueiro Arjuna,
necessito minha mente concentrar,
para o alvo aspirado poder acertar.

São inúmeras distrações as quais
desvencilhar e com os olhos bem
abertos, do meu foco não destoar,
acertando o alvo bem direcionado
não estou com os olhos vendados.

É assim que devo continuar, pois
o arco e a flecha sem mim, estão

sujeitos a fracassar, a flecha tem
seu alvo e é exatamente onde irei
acertar, só portanto irei descansar.

Não tenho pressa eu vou andando,
por isso comigo, vós podeis estar,
da floresta misteriosa, a centelha
do rugoso pântano possas dragar,
que sua visão possa se consolidar.

OS SÍMIOS

De onde viestes a criatura humana?
Da evolução da espécie desumana?

Inexiste, dificuldade nesse segredo,
em destrinchar nem lhe botar medo.

Navegar ao Egito, escalar Himalaia,
decifrar as pirâmides seu hieróglifo.

O simiano ainda nem compreendeu,
que tipologia de mundo que existes.

É satisfatório obter sua consciência,
de onde esse macaco, quer ausência.

Ficaria implícito, subjetivo, ou será,
que faz-se indispensável, o elucidar?

Vossa consciência, é de igual modo,
tua conduta sem dúvida ou remorso.

No entanto, para altera-se teu hábito,
tu não pode cair no conto do vigário.

Deves permaneceres firme, destarte,
careces alterar o vosso personagem!

Para isso deveras ter muita coragem,
a resistência profunda é o teu riacho.
A dor com certeza virá porém eu sei
que tu não é como aqueles covardes.

O PASSAGEIRO

Caminhante, quando refletes sobre o caminho,
dizes que caminhas ou falas sobre o caminho?
Pois bem sabes, tu, que não existem caminhos,
atente para vós e verás, a verdade e o caminho.

Há somente o caminho onde só o um caminha,
trilhando pelo caminho e sempre perguntando,
qual seria o meu caminho, não percebendo eu,
que a todo instante que era eu aquele caminho.

Quando, indagava sobre, encontrava-me nele!
Por que dizes, que há somente um, e não dois,
se até mesmo parado, estavas eu peregrinando,
e nesse instante vendo diferentes caminhantes?

Sabe porque velho amigo enquanto caminhava
distintos caminhos apareceram porém eram de
outros caminhantes e vós admirado com vosso
caminhar, assentou acessando um descaminho.

Decidistes pegar carona, em outras passagens,
esquecendo-se vós de que cada um é possuinte,
de suas próprias pernas, cada um, possui o seu
próprio e uníssono caminho para o seu destino.

Em atenção ao seu único e verdadeiro caminho,
não deixe de caminhar em seu próprio caminho,
mesmo que na solitude, no escuro vós caminhes,
no vosso barco ou se for navio não estas sozinho.

REDENÇÃO

Nas vicissitudes, da vida,
algumas pessoas admirei,
nesta arte, outras perdoei,
todos aqueles, com quais,
na biografia os encontrei,
o perdão ressuscita eu sei.

Foi dessa maneira que um
trovador o pôde discorrer,
sem ofender, nem bajular,
trilhe o caminho do meio,
a vida, pode lhe abençoar,
para barreiras, ultrapassar.

Ciente da direção de um
poder maior e todos nós,
havemos de nos deparar,
tendo cada rebelde como
filho, a Mãe Terra o pode
aceitar e também perdoar.

Não se esmere em aliviar
que o ser humano semear,
já estais cientes, ocorrerá,
porém, não fiques tristes,
provável, vida nova terás,
a ocasião para vos reparar.

É oportuno corrigir erros,
a sabedoria, ela é Divina,
então ciente que sofrerás,
regozije-se em se alegrar,
para que com afinco, sua
missão, possas completar.

O QUE NÓS ESCOLHEMOS

O que é a nossa escolha?
Precisamente, as nossas,
todos, estamos inclusos,
em um paradoxo mundo
decifrando, o submundo.

Presos em ciclos em um
paradoxo que profundos
alfinetes intransigíveis e
incisivo carnes inocente,
num paradoxo decifrável.

E algumas pessoas mais
egocêntricas e outras tão
indiferentes, que vivem
lado a lado porém quase
ninguém, estás contente.

Experimenta ou procura
saber o que outro passa,
ou como a pele se sente,
julgando tudo e a todos
como contraditórios nas
abstrações intermináveis.

Kosmos incandescente,
leva-me que lhe mostro,
aqui dentro mina mente,
ultrapassando barreiras,
do som e luz tornam-se,
a própria luz com som,
transponho o espaço nú
de intensamente, forma.

Pois o Criador separou,
os sexos para que o ser,
aprendesse a amar, unir,
e amando eu amo você,
e amando você amo eu.

Não beligerante apenas
porque, seria uma vida,
anormal em que toda a
humanidade é sapiente,
germine amor, em seu,
universo, atual interior.

INCAPACIDADE EM RACIOCINAR

Somente sobre as rosas e as flores,
alguns poetas, tendem a exclamar,
e, com suas astúcias e sagacidade,
o lado bom dessa vida a declamar.

De repente olham para si mesmos,
percebem, isso não pode continuar,
talvez, a vida como a conhecemos,
é repleta de paradoxos a solucionar.

Nessa razão vosso servo este bardo,
vos vem de coração aberto declarar,
que o lado ruim da vida, com fiúza,
adveio para que melhor possa ficar.

E, mesmo que nesse momento, não
consigas acreditar, no infinito azul
do céu, nós conseguiremos plainar,
algum dia, em alguma nova estrela.

Havemos de estar, olharemos para
trás e começaremos a desacreditar,
não podíamos, ao menos, imaginar,
que eram apenas desafios a passar!

Que o verdadeiro amor e a surreal
simpatia, haveríamos de encontrar,
pois, a deusa Maya não é tão triste,
que não nos corrija e possa auxiliar.

Acreditamos, e com todo afinco na
existência de distintas esferas para,
experenciar, que embora não temos,
a bagana envergadura, em arrazoar!

A NOVA VISÃO

Há, algumas coisas na vida que
nem mesmo Sig. pode explicar,
porém a inteligência da criatura
com criador não pode comparar,
há sempre uma lição, a entregar.

Porquanto tudo nessa existência
só depende da maneira de olhar,
busque sempre de alguma forma,
sua nova visão para reconsiderar,
 assim teu caminho desbloqueará.

Apenas, com esta fórmula o que
é belo, vós conseguirás enxergar,
retire-se da tua zona de conforto,
e outros mundos ouse a explorar,
e vosso tesouro possa conquistar.

Vossos, conceitos e paradigmas,
és a vossa obrigação transformar,
e, abrolhando-se em vosso peito,
uma linda flor de lótus coruscará,
não recues, só continue a avançar.

Proclamando, ao universo nosso
feito, nossa luz não se extinguirá,
e mesmo, que conspurcado sejas,
mesmo assim continues a chispar
para a desistência, não lhe raptar.

Não incluirdes experiências como,
legitimamente, as irias vivenciar?
Prezais, por todos os sofrimentos,
contrário, seria um inconsequente
e na vida com seu barco a derivar.

Não fiques abatido em pensar que,
com os eventos da vida pretendem
de algum contorno, lhe massacrar,
se no ser humano, não houvesse a
capacidade para se autorregenerar.

O TEMPO

Nós, devemos dormir e acordar,
enquanto dormimos, sonhamos,
onde haveríamos de ressuscitar,
ao acordar, temos nossas mãos,
para aquela inspiração, realizar.

Cientes de que tudo isso um dia,
irá se acabar, arrazoe bem você,
no que estais, a fabricar, a lei da
impermanência, há de nos guiar
ao deserto do desapego avançar.
Tudo tende, a modificar-se num

dia, em uma hora e algum lugar,
em um novo ciclo, vós iniciarás,
faças isso de forma, a continuar,
o Soldado da Luz não irá recuar.

Ciente de que até mesmo a vida,
o Senhor Tempo lhe irá tributar,
e o morador do magnífico corpo
nele, não poderás jamais habitar,
consciente que terás de reiniciar.

O PENSADOR E O JULGADOR

Preferia, o vosso lamento,
a um tormento e perceber
que interpretas tais trovas,
sem empilhar julgamento,
enricando o entendimento
para auferir conhecimento.

Todavia, cintilantemente,
com vosso entendimento,
decifras essas linhas com
a força, dos pensamentos,
no humano renascimento.

O que o trovador contará,
com seu descaso marchar,
já não podes abrigar-se do
teu terrível olhar que tudo
e a todos tendes depreciar,
vossa atração por rebaixar.

Porquanto, percebas bem,
os vossos passos para que
pela estrada, não passes a
ficar de tanto acostumado
que estais, a, todos julgar.

Transparecendo preguiça,
sim, a preguiça de pensar,
como tudo que o sábio vê,
ao seu entorno é um dever
interpretar, do contrário o
seu mundo, cinza, tornará.
E de repente cego tu serás,
e o pior, que por ter olhos,
pensará que pode enxergar
e vossa mente não brilhará,
de tão estaiado é seu andar.

A NOBREZA DE UM SER

Por que o símio humano, é tão difícil de entender?
Enclausurado seu apego não consegue reconhecer,
que tem de lutar contra si se o símio quiser vencer.

Nesses versos de trovas podemo-nos o reconhecer,
pois, quem sozinho anda, não necessita esmorecer,
foras caminhando só que o poeta pode se conhecer.

Não agradando ninguém, pela a solidão, não temer,
pois mantive minha persona, em justiça ao meu ser,
destarte, olhava ao espelho, assim consegui me ver.

Influenciado pelo outro, em mim não havia ciência,
acabei, por tornar-me vários seres, que matava cada
dia a mim por não saber que outra vida eu podia ter.

Deslumbrado e fascinado pelas fantasias como jogo,
fui deixando de ser quem eu era, tornei-me um lobo,
acabei tendo a mim mesmo, sem a plateia, e o bobo.

AMAI AO PRÓXIMO

Aqui, dentro desse veículo,
existe, alguma consciência,
que esse veículo único não
quer reconhecer, posto que
enclausurado ele o observa,
com tudo, o que deve fazer,
ele aspira controlar esse ser.

E quando disseram amai ao
próximo, como a ti mesmo,
aquele que habita ao corpo,
somente, com essa palavra,
não consegue compreender,
o veículo possui a suprema
inteligência e sabes o fazer.

Que o entendimento viesse,
contrassensos tive de viver,
há, um trocadilho nesta lei,
que não soubemos antever,
não amaremos ao próximo,
se não amar primeiro você,
significa corrigir vosso ser.

Não compreende até agora,
nada mais, tenho eu a dizer,
vá viver a tua vida, que teu
orgulho, tu terás, de vencer,
mas peço que não reclames,
quando uma sutil amargura,
alcançardes em vosso viver.

O FABRICADOR DE VIDAS

Em nosso estado temporal, onde,
o tempo, possui seu início e final,
com o vento soprando vejo lindas
folhas dos arboretos, ladrilhando,
e caindo nos campos com nuvens,
o azul celestial singelo enfeitando,
com todos os animais, se amando.

As quatro estações do ano e juntas
o magnífico Planeta Terra girando,
com estrelas emitindo seu acalanto,
densos buracos negros, adornando,
a noite ansiosa em dia se tornando,
e todas as faces da vida admirando,
o novo céu e a nova terra bradando.

Todos admirando o nascer dourado
do Sol cintilando com conjugações
de cores jamais vistas chamejando,
refletidas como simbolismo do que
há de mais belo, a vida admirando,
com todas suas facetas como deve
ser a existência o ápice alcançando.

O poeta que também tem vida o si
poderia pensar, e ao mesmo tempo
opta não indagar para que a beleza
da criação não possa tirar, e com o
respiro suave a mente faz acalmar,
sereno, calado por poder trabalhar,
cooperando com o planeta ele está.

ILUMINAÇÃO

Adentro de algum labirinto,
despenquei sem paraquedas,
encantado, como o Narciso,
meu reflexo, era a aquarela.

Vesti, as vestes do humano,
sem ciência do que isso era,
comecei a acordar e vi, que
minha vida era uma novela.

Despi-me de tudo que tinha,
na verdade, não havia nada,
meu exterior não cooperava
com, minha volta para casa.

Estou atingindo que o único
fato que importara, é minha
consciência, é o que há aqui
no corpo, que me dá ciência.

Esse, és o verdadeiro campo
de batalhas, a batalha oculta,
da qual, quase ninguém fala,
ela jaz interna e jamais falha.

O HOMEM E A VIDA

Tu que tens, vosso próprio jeito de ensinar,
e quando não aprendemos com vossa lição,
tu te retornas, para nos apurar, e depois de
nada adianta recalcitrar, se na mesma falta,
recomeçamos ávidos e acostumados a errar.

Contra teus adornos não podemos enfrentar,
ao invés, de lhe respeitar ó homem, por que
tendes a vos enganar? Sendo que tu chegas
a pensar, que a própria vida podes ludibriar,
não sejas tolo, e não vos deixes, transtornar.

Ao invés de te indignares, porquanto, sabes
a indignação é indigna, nisso podes confiar,
talvez, possas recomeçardes donde parastes,
por isso digo ao incauto e ao ignorante olhe
bem e veja aquele imenso Sol, ao horizonte.

Respeite a vida como se ela fosse diamante,
que, com todo seu poder cortante cortará na
carne, todo e qualquer viajante, se não abrir
vossos olhos, e perceber, que estás delirante,
obrigando a vida seguir como tu, um errante.

Por isso, atente-se bem a um poeta pensante,
reverencie a vida e talvez, possas tu trilhá-la,
não imagines que à vida, possas ser superior,
ela o esmagará, como um rolo compressor, e
tudo isso ela fará, para lhe demonstrar Amor.

PERGUNTA RETÓRICA

Não, não estou bem,
sinto-me, meio mal,
uma dor, incomoda,
meu doce estômago,
eis não me faça mal,
a restrição é normal,
estômago de animal.

Alterco preocupado,
um tipo de romance,
ao qual, ilusionado,
estou me acercando,
o olho, inflamando,
e nele piamente eu,
estava, acreditando.

Esse mundo inteiro,
está que desabando,
os milicos atirando,
e beira uma terceira
guerra nós estamos
escalando enquanto
vamos nos amando.

E em nosso país os
corrompidos, estão,
soltos caminhando,
aqueles que jazem,
no poder não estão
nos, representando,
vejo guris chorando.

Vendi a casa que eu
tinha e não sei mais
onde estou morando,
estou, residindo em
aluguel, aos poucos
esses episódios vão
somente é piorando.

Tenho labutado de,
segunda à domingo
disso, não reclamo,
levo a certeza que,
tudo está mudando,
já creio no encanto
da criação reinante.

E não conseguimos
sentir-nos seguros,
em casa e nas ruas,
a população, passa,
com os olhos tortos
olhando quase tudo
e pulando os muros.

Talvez, se perceber,
nem mesmo poucos
administradores, ao
povo estão ajudando
eles vão dominando,
e a dor se alastrando,
não estão apreciando.

Devido a violência,
a impunição social,
terrorismo, e medo,
estão, se alastrando,
dominadores desta
Terra, fingem, não
o estarem, notando.

Com, a desusada e
velha estratégia do
pão igual ao circo,
solução insurgindo,
toda, a população,
estás submergindo,
outros são sorrisos.

Favor, eu preciso,
nadar no rio Nilo,
com um traje que
me proteja desses
amplos crocodilos
que à Terra estão,
quase a invadindo.

QUEM É VOCÊ

Nos belos singulares dimanar de vários dias,
questionaram, se ciência em mim encerraria,
do que, primordialmente, um poeta buscaria,
como no mundo das canções ele mergulharia.

Por ter de súbito, até mesmo no intuito dessa
prosa de início resolver, desse diálogo eu não
decidi correr com palavras devolvi a resposta,
àquele maravilho ser sem pestanejar ou sofrer.

Muito sério, e seguro em minha sã convicção,
tinha ciência daquilo que poderia eu ali dizer,
e naquele instante sem nenhum medo aflição,
entregaria de pronto à pessoa, mais uma lição.

Mas num súbito ato de plena e ditosa reflexão,
tive de pensar rápido, em uma ressignificação,
tão-somente com uma imprevista visualização,
veio-me sabedoria não sei se insight e epifania.

Se o poema percorreria a lucidez pelo apetecer,
ou, o que porventura almejasse ele em criatura,
aquela coisa, que quisessem e pudessem trazer,
logo conseguida perder-se-ia o motivo de viver.

O HOMEM E SEU QUERER

Ora mas o que eu estou querendo?
Também o que poderia eu querer?
Não almejo, absolutamente, nada!
Se algo útil, eu não pudesse fazer.

Pois somente aquele ato de querer,
seria expressão mínima do teu ser,
consciência disso necessitamos ter,
para que a ficção não fuja do viver.

Dessa maneira se ambicionasse ter,
apenas poderia atendido ser, se nós
mesmos, pudéssemos compreender,
o quão pequeno, é o nosso exterior.

Pois sabedores que qualquer ansiar,
seria simplesmente tudo aquilo que
uma criança poderia criar, disso de
pronto, nós teríamos que reinventar.

Raciocinar, um pouco sobre querer,
e quase tudo, que o homem pode-se
valer, tem a ver com egoísmo em ter
acabando, por descumprir seu dever.

Porque saibas que almejando em ter,
isso terás para a lucidez surpreender,
e logo desanimado estará o teu viver,
um objeto não pode realização trazer.

DÉDALO

Mergulhei sem asas nesse dédalo,
descobri isso, embora muito cedo,
era tão-somente aquele, o menino,
trata-se de uma ilusão muito forte,
da qual firme, estou, me esvaindo.

De alguma forma, estou pensando,
mas, não tem ninguém, almejando,

teus sentidos quase me dominando,
vosso veículo, estais, aprisionando,
o ciclo do mundo está se acabando.

Contenha os vossos cinco sentidos,
que teus caminhos, vão se abrindo,
pois, desse corpo você é o manual,
aos poucos vós verás que é natural,
ouço dizer que é prática, espiritual.

Com, teus cinco sentidos contidos,
passaremos, por todos obstáculos,
que essa dimensão está sugerindo,
unidos nós rumaremos ao infinito,
aos poucos, a ilusão está esvaindo.

A METÁFORA DA BORBOLETA

Voe, perspicaz borboleta,
agora estais desabotoada,
assim como está desnuda,
de vosso crisalido, denso,
manto de concupiscência,
assim elevas tua essência.

Vós envolvida e gloriosa,
enaltecida como uma luz,
abandonaste vosso casulo,
elevando-se às mais altas
altitudes e eliminando-se
de todas as tuas sombras.

Estais a brilhar e chispar,
em uma nova admirável
dimensão, podes voejar,
nesta arte, vossa missão,
não serás, mais esperar,
contorcer-se, remoer-se.

Ferir-se quiçá apedrejar,
vosso casulo onde estas,
com vossas chispantes e
frondosas douradas asas,
vossa gloriosa e humilde
missão é bater tuas asas.

SABEDORIA ADQUIRE OURO

Ouvi falar de buscas, buscas
e mais buscas, tão abstrusas,
que, buscais vós buscadores,
que procuram, e nem sabem,
justamente o que perscrutam?

Ao acaso jazeis empenhados
na investigação das virtudes,
que, tratam-se precisamente,
daquilo que o vosso pecúlio,
jamais arguir-se-á a adquirir?

Estais a busca da humildade,
para que em vão não volvas
vangloriar-te, sobrepujar-te,
e nas cordilheiras desta vida
vós acabastes por completar?

Ou a procura da moralidade,
para que estabeleça respeito
em teu peito, e tudo e todos
passes a sopesar, e respeitar,
e cesses, com o achincalhar?

Acaso buscas locupletar-se,
crendo piamente, com isso
poderás, o mundo comprar,
o jovial, e incauto coração,
em ti não pode manifestar?
Não sabes, que o concreto,
compras apenas o palpável,
com aquilo, que é abstrato,
é que agregarás o abstrato,
adquiris amor com salário?

Compres, o legítimo ouro,
mas aquele eterno tesouro,
que jamais o serás furtado,
busques por ti construindo
a ninguém mais que o Ser.

A INFELICIDADE

Instantaneamente, paro de pensar,
porque não gostaria de triste ficar,
se és o luto algo em que a história,
em alguma ocasião faz-nos pousar.
E como conhecerei a alegria, se a
melancolia não conseguir instigar?
Logo o mais importante precisara,
seria a origem alcançar identificar.

Desse, respectivo sentimento que,
impõe-me a consternar mas o que,
farei quando aquela causa deparar?
Abraçarei com plena lucidez a dor!

Passarei com ela a dialogar, ouvir,
já sabedor que dias infelizes, ei de
passar, e quando a tristeza me vier,
passarei com pachorra, contemplar.

A FUGACIDADE

Estou abatido porque eu queria,
como é artificioso, esse querer,
logo, que consubstanciado, ele,
torna-se oco, apático, irregular.

Agora, convivo, não querendo,
com supedâneo do sentimento,
estou inerte, de preenchimento,
malgrado, passo a me assentar.

Até penso outro querer aspirar,
de indolente a realização passa
a me deixar, medíocre, o objeto
de meus desejos, passou a ficar.

O RESPLENDOR

Amanhece o dia e percebo, os raios de Surya a brilhar,
chega a tarde e já não tenho nada mais, o que declinar,
a belíssima noite, vagarosamente, vem nos presentear.

Com os intensos coruscantes raios daquela bela estrela
passo a encantar-me, inspiração, fez nascer esse bardo,
e dessa forma, intrinsecamente, em meu ser alegro-me.

Em não raciocinar deixar somente ser porque o homem,
tende buscar fora o que somente dentro pode encontrar,
o encanto de um cantar a fineza de um pássaro assobiar.

Uma paisagem no horizonte a todo instante transmutar,
a raridade de cada rosa com seu ligeiro perfume exalar,
as mais singulares e inequívocas belas árvores respirar.

Óh majestoso, surpreendente e tão irreconhecível chão,
por que em ti o homem tende a disseminar sua aversão,
e com quais direitos suas vestes, ele passa à escuridão?

Se ele como natureza foi criado e para ela será recuado,
será que se nos preocupássemos com ela com cada um
de nós ela se ocuparia, quem estará disposto vos dirias?

O simples tempo que vós se ocupais com o outro não é,
nada mais que vossa ajuda com o todo e dessa modesta
forma todas as formigas contribuem com o nosso globo.

COMO ACERTAR

Ficastes tranquila,
ó tu desconhecida
Criatura Humana,
e suas lembranças.

Não te desesperes,
dentre desesperos
das desesperanças
com desconfiança.

Quando tu arriscas
e não conseguindo
comete seus erros
e vai se desviando.

A humana criança
pode cometer erro
as vezes diante as
suas imperfeições.

Para compreender,
realmente o que é
estar num humano
envolva acertando.

Vossos erros estão
certos lhe avisando
que vós está assim
em vidas, falhando.

FREEDOM

Talvez, fosse bom conviver,
porém, viver de forma livre,
a liberdade canta com gritos
sustenidos nos teus ouvidos.

Mas no antagônico há outro
ser, é um ente irresponsável,
que o propõe a impregnar-se
em eventos fúteis, tolos, vãs.

Vossa vida, é pura evolução,
e, o que condiz com ela será,
teu esforço em cada situação,
isso, dependerá de cada ação.

Penetres, no pensamento dos
vencedores, vejas, o que eles
fizeram em vossos bastidores,
a disciplina é dos vencedores.

O CONTROLADOR

Não limiteis a existência forçando-a
a conveniência das vossas vontades,
de forma alguma force-a a bancares
agradar os sentidos que vos aprazes.

A existência, possui o próprio curso,
como o extenso e largo rio profundo,
adapte-se à ela escutando o teu curso,
que logo, seu retorno vem do mundo.

Sempre que puderes questione-a em
em vossa mente, a resposta talvez o
deixará descontente, sigas em frente
adjudicando que a vida é inteligente.

Se vós estiverdes a seguir tua sorção,
no ambiente e momento certo vossas
águas, ao bom oceano da elucidação,
não mais que de repente, desaguarão.

PROMETHEU

Óh águia sagrada, delicie-se com o calor meu fígado,
e depois venhas tu degustar, da seiva do meu coração,
encontraremos nós dois aprisionados, nessa condição.

Hoje está um dia de verão e tu, como estarás amanhã,
certamente me dirão, para que tornes aqui outra vez e
delicie meu fígado e deguste a seiva do meu, coração.

Pois, por toda a eternidade estaremos nos dois unidos,
de uma forma incompreensível identicamente punidos
pois eis ai que uma maldição sem saber qual é a razão.

Eu preso em você e você presa em mim não penses tu,
que és mais feliz, deves ser triste por toda a eternidade
bater vossas frondosas largas asas sem haver liberdade.

Ter de comer por todos os dias, sem alterar identidade,
do mesmo fígado saborear idêntica seiva deste coração,
de um ser, que encontra-se crucificado sem, libertação.

VISÃO TURVA

Fostes vós que morrestes,
ou fui eu quem reviveste?
Será, um mero teleférico,
um morro uma montanha,
um cruzeiro em um navio,
assim és num barco no rio.

A vida, tem seus mistérios,
teus segredos, guardados a
setes chaves não lideramos,
são eles acessando a gente,
a imprevisibilidade da vida,
isso que a torna com saída.

É instigante, o descobrir a
saída labirinta, e aloucada
de uma amontoado o qual
não consegues ver adiante,
com a visão turva, devido,
olhares, para os diamantes.

Dizes que estais plantando
o bem, e irás acolher vais?
Será, talvez, quiçá, aonde?
Já começastes vossa ceifa?
Quiçá plantar, para colher
ou plantares, para plantar?
É, tenho minhas dúvidas,
pois este mortal, pecador,

é a vida, que não a versas,
com seu verdadeiro valor,
conspurcado em desvalor,
não acreditas em seu amor.

FANTASIOSA

Em travessias abrumadas,
ou em uma linda aquarela,
numa viela ensolarada ou
numa travessia ludibriada,
ignorantemente ignorei-a,
mesmo, não sabendo que,
ela contornava, a donzela
vibrante de lucidez única.

Cheia de folclore, séria e
inquietante, também era,
como sincera, e radiante,
abatida, quando precisa,
adornada, com adereços,
e os contornos radiantes,
não retorcidos, faz parte
de sua beleza estonteante.

Com, um atinado tom de
mimetismo, seria a vida,
extasiando os seus olhos
e ouvidos colorindo seus
que, admiráveis sentidos,
com ela, escassos são os

que se atrevem, tem que
ser perspicaz, e também
sagaz ter o dom da vida,
inspirar a arte e respeitar.

Tendencioso a perpassar
indefinidas vezes por ela,
nunca a vi igual pois seu
poder é surreal agrega, a
linguagem, a literatura e
vida ajudam a encontrar
recôndita mas real saída,
para uma diferente vida.

Jamais ignore ou se quer
manifeste, o julgamento,
mais importante é o que,
se tem do lado de dentro,
não perca sua humildade
pois as diferenças hão de
fazer parte é a admirável
rua da nossa comunidade.

OBSERVAÇÃO

Madrugada adentro despertei, no entanto,
despertei do lado de fora, não aqui dentro.

Não sei aonde estava, que estava fazendo,
abanquei a observar, alguns pensamentos.

Na pequena sacada, sem olhar para o céu,
a esperança, poderá ser um objetivo cruel.

O mundo triste e vazio, a neblina é sob os
prédios, o vento assopra um ar de mistério.

O que há aqui dentro não me importa mais,
e o que há lá fora para mim, é um tanto faz.

Temos que praticar lendária arte de esperar
a raça humana apurar, seu caráter no andar.

Somente assim irá, irá o que não irá lhufas,
nem virá, que a vida quer é sempre ensinar.

Quem entendeu, neste plano não mais está,
ah vi um Iluminado aqui, ouvi, outro acolá.

Fostes para o outro lado, quem ilumina-se,
desaparece irei deitar-me, fazer uma prece.

Pedir ao Criador do mundo este que nunca
envelhece, conceda-me um pouco de água.

Pois essa vida sim, de tão eficaz e contínua,
feito uma ave de rapina, se renova tranquila.

A EFICÁCIA DA SOLIDÃO

Deus, é um ser interessante,
como ele torna-se falante, e
com sua lucidez o pensante.

Ah o pensar, todos pensam,
será que com um raciocínio,
a ressignificar seu caminho?

O ser humano, está sozinho,
se ele pensa o teu apotegma
não pode criar o teu destino?

Na solitude ele está surgindo
encontrando quem encontrar
ele vai a si auto descobrindo.

A angústia da solidão, não é
o correto pretexto da aflição,
é vós deparando, a escuridão.

Por isso, vós sentes as dores,
não é por carência de amores
estais é notando teus pavores.

Quando estais com os outros
refletes neles seus dissabores
destarte, tu te vedes no outro.

OURO É O SILÊNCIO

– Olha, a madrugada está fria!
Está perfeito, isso parece bom.

– Não, não é bom e nem ruim.
E será o que vem depois disto?

SOMENTE O AGORA

Golpeou-me o sentimento.
– Regressando ao passado?

Não tem nada, no passado.
– Muito menos, no futuro!

ALVEDRIO

Por que o homem
fica enclausurado
e não encontra, a
saída, uma chave,
para abrir-se, dos
teus pensamentos?

Se quer, para que
possa abrir, o seu
calabouço, a cela,
e acenar liberdade
perdendo vaidade
para a felicidade?

O duro talvez não
seja estar em uma
prisão, pois nela a
alma tens ciência,
sabes, que está lá,
naquela condição.

Pensamento com,
muita intensidade
que jazeis liberto,
porém na verdade,
acorrentado, onde
queres, que se vá.

PATINAÇÃO NO GELO

Vivo nessa estratosfera não somente da cor verde, azul e amarela,
mas, eu pareço uma cinderela, então toques para mim a Aquarela,
balançarei nesse gelo frígido com a aquela, doce e meiga donzela.

Patinaremos com as batidas do coração marcadas no mesmo ritmo,
rodopiamos giramos mas não caímos somente olho em seus olhos,
e os passos, eles vão surgindo, não há nada mais belo nesse ensejo.

Fico a me perguntar: de onde veio esse brilho que reflete no olhar?
O azul do mar mesmo sem eu imaginar? Queria, que não acabasse,
e o tempo também paralisasse, para que esse momento eternizasse.

A ODISSEIA

Limpem o convés marujos,
hasteiem a bandeira branca,
somente após hastearemos,
a caveira, vencida a batalha.

Verifique a proa, e regulem
os mastros para as batalhas,
estamos bravos preparados,
igualmente, para o combate.

Levantem, todas as defesas,
e segurem-se, com firmeza,
ordeno, a todos os marujos,
que estejam, em disposição.

Pois, o navio nunca afunda,
e isso, é uma determinação,
aqui não existe outra opção,
ficaremos todos conectados.

Para diante, siga reta nossa
direção e potência máxima,
mas que vós vedes aluvião?
O oceano em sua imensidão.

As águas profundas são as
nossas amarguras e iremos,
iremos correto apropinquar,
na existência, desse oceano
a navegar, o jogos de cartas
e os dados, são sem apostar.

Olhos abertos até às oito da
noite havemos de permutar,
se acaso, uma sereia bispar,
comigo podem deixar, pois
serei o primeiro, nela atirar.

Temos uma Lei a seguir, é
a Lei natural desse mundo,
dela, ninguém pode evadir,
são o grande mar o oceano,
és grande oceano profundo.

Ahoy, coirmãos temos nós
que respeitar e todas velas
devem ser abolidas às oito
da noite, antes de se deitar.

Aaarr! Em busca do maior
dos tesouros, todo oceano,
nós iremos rasgar mas não
almejamos a prata, bronze
e nenhum o metal amarelo.

Capitão, profira-nos o que
procuramos na imensidão?
A passagem, de um portal
não existe outra sem igual.

Que apenas podem passar
aqueles corajosos ao final,

nem nosso navio ou botes,
e tudo, que nós temos nos
malotes, inclusive, nossas
fortes e lutadoras carcaças.

Deixaremos tudo para trás,
seguiremos rumo ao norte,
e atravessaremos, o portal
da morte, desse, ninguém,
jamais conseguiu, escapar.

Aqui, devemos continuar!
Abrindo mão de tudo que,
que antepare-nos navegar,
essa caravela jamais deve
atracar, para se descansar.

Porém, em águas salgadas,
nós teremos, de atravessar,
adoramos o nosso cansaço,
vistam, as vossas vestes, e
calcem, os vossos sapatos.

Essa odisseia será longa e
perdurara, escassos são os
que irão conseguir chegar,
mas, no final lhes garanto,
nós, haveremos de brilhar!

SIOUX

Nem mesmo os Comanches sobreviveram,
tem certeza, de que eles tinham de morrer?
Uma habitação pacífica seria impossível de
na finalização dos ciclos, com eles ocorrer?

Assassinar, covardemente, é demonstração
de poder, matar indígenas e todos os povos,
toda uma progênie e toda a cultura extintas,
por uma injunção, estritamente materialista.

O ouro vale mais que a vida, naquela época,
as terras eram estimadas e o genocídio seria
justificado, aniquilar uma raça por ganância,
subversão, nada mais que não há explicação.

Desses povos incríveis, não restaram sequer
lembranças, não poderíamos habitar juntos?
Deixo aqui isso era a fraternidade esperança,
ela é apenas uma lembrança de uma criança.

Na corrida para Oeste é como acontece hoje
sabe Deus como assaltara as tribos a história
tem seus bastidores, assim como um filme e
imagines as crianças e as mulheres falecidas.

Todos juntos sendo caçados, sem nenhuma
esperança, pois seus arcos e flechas seriam
para a caça, e não para a aleatória matança,
cheios de vida, folclore, rituais e esperança.
Pois isso não lhes dava o direito exterminar,
uma raça por inteiro, que abrigavam-se dos

os animais e espíritos que viviam nas matas,
até mesmo o grande Búfalo Bill o extinguiu.

As ervas eram suas curas, respeitavam o Sol,
o fogo, as nuvens e o ar, e eram agradecidos,
tão somente por respirar, não se importavam
em um Oca morar, seus rituais modo de falar.

Até os Sioux, acabaram por dizimar, em 29
de dezembro de 1890, mulheres e crianças,
pararam de respirar, colocaram o fim a uma
batalha, para suas terras, poderem dominar.

A História diz 400 mas você pode imaginar!
Na batalha, que fica conhecida como Joelho
Ferido, posso elucubrar as mortes e também
os gritos, soldados americanos, davam risos.

Com seus rifles e à cavalos ainda matavam à
espadas, a ordem era não deixar um vivo no
campo de combates, genocidas e homicidas,
tenho certeza, que eles tinham, suas feridas.

E também anciões e crianças nada justifica,
toda aquela matança foram eles que vieram
disseminando a cólera e ódio a sua intenção
até hoje então é de subjugar, toda a Criação.

Todas culturas devem ser respeitadas vejas
que o humano de hoje não aprendeste nada,
alguns em pleno século vinte e um, nascem
ignorantes, e após, morrem do mesmo jeito.

A LUZ PRIMORDIAL

Tão-somente, houve uma Luz,
essa Luz era o raio primordial,
a qual era refletida no ternário,
nunca seria de forma acidental.

Iluminada dividiu em sete tons,
em cada tom criava um veículo,
para os mundos desconhecidos,
desse fato podes ver o arco-íris.

Além desses sete havia o oitavo
que do ilimitado seria irradiado,
diz o sete é um número sagrado,
a luz está sempre ao vosso lado.

Alguns tem apego pela matéria,
a estes eu vos digo bem-vindos
à nova era, onde a luz iluminou
a matéria este era o escopo dela.

Vejo o homem ser inconsciente,
quanto a isto alguns são vesgos
e só atentam para o seu umbigo,
esse era melhor não ter nascido.

A matéria veio à existência, para
que a criatura, tome consciência,
evolucione dentro dela, para isso
não é necessário, estudar ciência.

O HOMEM PEQUENO

Os eclipses, os raios e os cometas, quantos mistérios nesse planeta,
e as pessoas se divertindo como se no parque estivessem se sentido.

Quando criança mãe quero um carro quando crescem querem outro
carrinho são todos brinquedinhos para alguns meninos crescidinhos.

Nem com idade vai se nutrindo e continua brincando quando adulto,
olha só que absurdo agora vou trabalhar, iremos adquirir um mundo.

Aviãozinho, brinca até não querer mais, então lançam outro e deixa
o antigo para trás, estou ficando velho, vejo logo o rosto ao espelho.

Os gostos são os mesmos de uma criança, somente mudaram-se sua
esperança porém a construção de si mesmo ninguém tem lembrança.

É difícil ver seus defeitos e isso ter que compreender, a escultura de
si próprio pode dar à luz um novo ser admire aí dentro quem é você.

Trabalho árduo de fazer nessa vida tudo de material que quiseres ter,
certamente que um dia tu irás perder mas as virtudes denotam teu ser.

Estes mecanismos alteram nossas células uma vez alcançados jamais
eles se alteram, independe da conjuntura, uma virtude é sua estrutura.

O IDIOTA

Já que queres, conquistar incansavelmente tudo,
eu desejo que você fique só morando no mundo,
e que não exista florestas, paisagens ou animais,
tudo isso você se desfaz e ainda atina-se demais.

Que tal um planeta inteiro de cidades para você,
com prédios, carros de luxo, whisky puro turvo?
Mas lembre-se, que filhos você não poderás ter,
pois eles, com toda certeza, serão iguais a você.

Desfrute das gran cidades, ande, voe nos carros,
pilote as aeronaves, delicie-se nos belos parques,
compre roupas, só existindo você e os armários,
difícil conviver com pessoas, elas são estranhas.

Olha deus eu sou demais, sou um referencial, as
pessoas deveriam ser iguais a mim mas tanto faz,
coma de tudo, faça o que quiser, fique à vontade,
não existem leis, regras, menos responsabilidade.

Agora, tu não tens carro, uma casa e uma família,
tu possuis todas as megalópoles de todo o mundo,
e também todos os arquipélagos, e os continentes,
não, pessoas não, são todas chatas, inconvenientes.

Mude-se para um deserto ou para uma mata, fique
lá no meio, jogue truco e também sozinho à cartas,
ah sozinho não, que imaginação, você tem é Deus,
E'le em outra dimensão e você aqui materializado.

SUPER-HOMEM

Não pegue nas mãos, não abrace as pessoas, fiques longe,
viva tua vida contente com afastamento e fique numa boa,
mas depois não pergunte porque está sozinho numa lagoa,
8 bilhões de pessoas no mundo, você se dá mal com quase
tudo, é realmente é difícil de entender eu gosto é de sofrer.

Mas não, não existe erro, e você jamais pode estar errado,
o problema, é que todos erram com você és um retardado,
e também quando acertam, não conseguem lhe satisfazer,
odeio os seres humanos, odeio de igual modo as criaturas,
hum.. porém todas as mulheres, podem tentar me acolher.

Se diz inteligente, mas não sabe lhe dar com tipo de gente,
ofende-se fácil, senão com tudo, xinga as pessoas e odeia
o mundo, pergunto à você: o que tu necessitas para se auto
satisfazer? Um milhão de planetas, estaria bom para você?
Ainda é pouco não? Sei, conheço o que há dentro de você!

OUTRO PLANETA

Hodiernamente, a medicina evoluiu, é estranho,
semelha que a estética evolui mais em tamanho,
eu preciso desesperadamente viver eternamente,
tenho muitos patrimônios e domino muita gente.

Nesta Terra eu sou o senhor, todos, tem que me
respeitar, eu exijo tratamento de senhor, quando
não, doutor, agora a medicina evolui descubram
a fonte da juventude irei beber antes que mudem.

Ah! Agora anseio o cosmos dominar, quem sabe
uma galáxia inteira, vou ser o senhor de qualquer
maneira, sentar-me-ei em enorme trono, comerei,
beberei, meu deus.. será que assim me satisfarei?

Vós sabeis que não, é impossível para um tipo de
ser como vós, é exatamente por isso que tens que
apanhar e sofrer, pense, se é que este substantivo
acalha que o mundo fora cunhado com facilidade.

Ou por aquele gênio que estalou os dedos ou que
de repente o planeta começou a golpear suas asas,
açoita no peito e se diz o maioral, me respeita ou
vós vai passar mal, mas esquece-se que és mortal.

Apenas um animal, por isso tenha um pouquinho
de humildade, é uma coisa a vós além do normal,
não vou escrever abstruso, confundir tua atenção,
vai que a culpa é minha, posso sofrer, retalhação.
Maltratado, subjugado, morto ou enterrado mas,
espere um pouco, morto? Isso para vós é natural
não anormal, irei um pouco mais adiante, quiçá,
pra vós és uma necessidade da mais importante.

Não preferes ouvires a verdade, porque teu ego
é de ouvir mentiras e vaidades, serdes elogiado,
sentir-se um rei, sabes que vestes uma máscara,
iremos ver, quando passardes, para aquele lado.

Chega, não adianta cobiçar ir para outro planeta,
ou minerar outros cometas, lá, quem sabe as leis
naturais sejam mais rigorosas e talvez não exista
palavra tão afamada, conhecida por misericórdia.

UM BUSCADOR?

Eu moro numa mansão, olha só o meu carrão, está a
fazer um calorão mas do meu terno eu não abro mão,
tenho que ser respeitado, será que sou pobre coitado?

Vedes, isso é importante, tenho ambição de anunciar
toda a minha riqueza para toda a população e queiras
ou não, todos verão que a riqueza está em coisas vão.

Olhando para o meu exterior o que tu vedes que dais
valor, abrindo a minha boca, é que tu me conheces, e
sabes realmente quem sou, o aspecto do meu interior.

Todavia, o que tu vedes em mim, é o que de fato tem
valor para ti vós sabeis o porquê de enxergares assim,
vossa consciência conjectura, vossos valores em mim.

Pois, quando vós julgais a mim, não estais a tecer dos
defeitos que há em mim, meramente, és a invídia que
estais a sentir que caracteriza teu ser não o meu viver.

SÓ EXISTE EU

Está um desgosto, não vejo graça em mais nada,
primavera, outono, ver um urubu bater suas asas,
nem com neve caindo a montanha descontraindo.

As pontes sobre os rios que atravessam as águas,
as nuvens se desmanchando, molhando as matas,
Ah! Isso é tudo é uma ilusão, que quase me mata.

Preferimos beber whisky e entrar no nosso carrão,
o mundo está sendo destruído é, não importa não,
irão colocar minha consciência em um chip e, eu.

Inúmeras pessoas às ruas, posso passar por outra
que estiver nua que não ligo saio sorrindo porque
eu só estou preocupado comigo, e já estou saindo.

Enquanto vós criatura humana não entenderes és
o reflexo do outro, viveremos todos como se nós
estivéssemos presos, em um colossal, calabouço.

UM SÁBIO

O mundo haveria de ser tão belo,
poderíamos demudá-lo em Éden,
conviver, como deuses e rainhas,
principalmente, ter companhias!

Não os meus princípios, valores,
consubstanciam-se em tirar vidas
aah, que prazer isso proporciona,
deus... obrigado por mais um dia!

Bom dia amigo deus lhe abençoe,
fique com deus vá com os deuses,
brother god bless you forever but,
não olhes atrás, em minha cintura.

Verás o tamanho da minha arma!
Importada, acabou de ser lançada,
é um calibre diferente, e a bala, é
explosiva confeccionada de prata.

Todavia, para que a minha arma
serve, isso nem te conto, queiras
comigo passear, sou uma pessoa
respeitada, e se comigo ousarem.

Se não me respeitar, só dou uma
olhada de lado, deixo até para lá,
mas amanhã, amanhece mais um
deitado, foi, por mim condenado.
Mas o que ele fez e precisa fazer,
para um fim tão trágico merecer?
Eu sou poderoso, não está vendo?
Vejas o tamanho, da minha arma!

A RIQUEZA DO TOLO

Virtudes? A isso é um boato, meu dinheiro compra tudo,
quero dizer, ao menos quem pode, por ele ser comprado,
e os que não podem ser comprados, são poucos, ah mas,
esses aí eu mato, nos matamos, vós mateis e eles matam.

É mais fácil de conjugar do que o amor, porquanto, esse
verbo, tem de ter paciência, a arma não, eu falei e ponto,
e cuidado, para não amanhecer deitado, o amor não, isso
é besteira, dá um trabalho, tem que ser paciente, e afável.

Longânimo, resiliente, compassivo, caridoso e abarcador,
não quero saber disso não, isso não vende no restaurante?
Vamos embora minha draga está destruindo um rio tenho
que achar diamantes, ouro, ouro, vejas só em meus olhos.

Ouro, diamante, dinheiro, tesouro, mas os rios e animais,
as florestas e as aves? Você não é natureza? Olhe para si,
és setenta por cento água, de onde vem o ar que respiras,
senão das águas? Vosso sistema nervoso e o dos animais.

As veias que carregam vosso sangue, é análogo às frutas,
que viestes das árvores destarte, do todo vós fazeis parte,
dos rios, das matas, das florestas, vosso corpo, que é teu
veículo do qual vós és um inquilino porque esse fascínio?

Analise teus pés, vossos dedos e mãos, nada na natureza,
pode ser em vão, nesta arte, fazes parte de toda a criação,
é acho que Deus realmente errou quando pensou em vão,
dar mente para um certo tipo de animal que és um ladrão.

O CONHECIMENTO

As escolas, o conhecimento, e o entendimento, o
que era para ser difundido hoje em dia é vendido
quando não é escondido aos olhos desconhecidos.

O conhecimento chega a qualquer um quando ele
está pronto, por que escondê-lo, para que não caia
em mãos erradas? Já estão nas tuas e o povo sofre.

Os mistérios não estão escondidos, pelo contrário,
estão aí para que todos os que tem olhos os vejam,
o difícil é ter olhos, todavia, a ganância, não deixa.

Para que se tenha acesso tem que ser o humilde, e
pagar, é claro, vamos deixar oculto, ninguém pode
ter acesso! O que está oculto? De que? E de quem?

A EVA DESTE SÉCULO

As escolas, tornaram-se verdadeiras máfias, porventura, o Jardim do Éden hoje fosse, ah meu Deus, Eve comeria sozinha a maça, não diria nada à Adão, dar-lhe-ia uma mesa e em cima, uma televisão, quer que eu desenhe ou escreva em vossa mão? É difícil de entender, Senhor não, você que não quer compreender.

Quiçá, consistiria difícil para ti o que terás de fazer com o conhecimento de sorte poderá ele ser utilizado, tanto para o bem quão para mal. O que estão fazendo, inquiro a vós meu filho? Olhe à tua volta, olhe à sua volta, olhe à volta, são classes de criaturas tão más com as vestes humanas que nem mesmo asilaram, redenção.

Mata-se, não somente os animais, mas a flora, outros, até matam e comem seus amigos leais, termines, por favor, já não consigo ouvir mais verdades, a que temos consciência e claridade, porém, raciocinam que têm somente uma vida, não deixam suas frivolidades, e seria possível, ter somente uma vida quando a vida é infinita?

O universo se expandindo pois a vida também não o seira? Olha meu Deus não suporto mais, todos no fundo sabemos da verdade apenas de pensar traz-me a insanidade dói meus chakras, não asilam suas vaidades dentro do homem há de haver, alguma bondade, contrário o planeta, encontrar-se-ia repleto de covardes é a verdade.

O PÁSSARO E A VIDA

A vida é como um pássaro,
que voa mesmo sem bater,
suas asas pois ela não para.

E como o pássaro entende,
para onde, deves ir e para,
onde ele não deve, seguir?

Não perguntes, para mim,
porquanto se eu soubesse,
valeria do mesmo método.

Quão sábia és tu natureza,
natureza até tem o humano
e qual seria a sua natureza?

Ela, está aí para guiar-nos,
na arte final há uma senda,
permanece uma passagem.

Preste atenção exatamente,
onde dói, porque onde há a
dor é que necessitas a cura.

Não há distinta maneira ela
é a própria Natureza, a dor,
enfrente-a com muito amor.

A PROFESSORA

A vida é criativa ela está quase sempre a nos ensinar
ao menos, quando encontramo-nos aptos, a aprender,
para onde devo ir e o que devo eu fazer, perguntes a
si mesmo, uma luz dourada, iluminará todo o teu ser.

A vida, é similar a um farol que está brilhando, e ela
é disponível a toda nossa gente, assim como a morte,
não precisa ser muito inteligente, para entender esses
dois substantivos latentes a morte e vida a vida morte.

A vida, é como uma receita, ela oferece-lhe as pistas,
para que tu possas, encontrar uma saída, mas, somos
tão teimosos, e de igual modo indolentes isso encuca
mais, fico inconsciente, quando não estou ali ausente.

Será, que gostamos de o ser? A teimosia, é uma arte,
de sofrermos de outro jeito, não como pinta à parte?
A vida, é inteligente, se não o fosse estaria provado,
todavia, a demonstração que vejo é a de um covarde.

Nas erupções dos vulcões, há majestosa sabedoria, a
vida, é inteligente, mas, não é ela que está aqui, para
nos ensinar? E se a vida revogar? Vós consegues ver
outro jeito, de caminhar? Por isso digo, é inteligente.

Pois, quando a vida findar, nem mesmo pernas terás,
é, vida, é inteligência, tem o lado ruim e o lado bom,
é como o azado corpo feito por ela esquerdo, direito,
mas, você também pode ir pelo meio usando os dois.

Às vezes temos de esperar a maré dar um baixadinha,
para podemos navegar não é questão de evitar riscos,
não, não é sobre isso, é a respeito da receita do bolo,
com os ingredientes errados ela não será mais o bolo.

E não poderá ser comestível, como vida é inteligente,
se ela ensina, ela é a professora não de artes, história,
pois não fomos nós que fizemos as questões da prova,
nos damos as respostas erradas ou corretas tu acertas?

A vida é inteligente se ela ensina deve ser mais sábia,
e por que não aprendemos? Talvez seja porque ainda
não crescemos, a mais uma hora a gente cresce senão,
não dá para ficar parado, o tempo anda e a vida passa.

Aqui, ao meu lado, as células estão todas funcionado,
mas para quê? É isso que temos de saber, não passes,
em um sinal vermelho, pode vir um carro ou pessoas,
é a mãe divina, ó divina criação e se não aprendemos?

SERENIDADE

Transformar a arte em vida esse é o trabalho da poesia,
já a vida é ao contrário, ela demuda-se, na própria arte.

Siga em frente ela o deixará seguir até onde tu puderes,
a celeuma é o tempo, mas nós somos ainda, tão breves.

E porque somos pequenos achamos que somos grandes,
fossemos realmente abissais teríamos mais consciência.

De que estamos em infinitos e constantes crescimentos,
e atinamos ser donos dela, não, não meu brioso, ancião.

Ela, a vida, é que é nossa proprietária, nós não a temos,
a vida, ela nos tem, essa é a verdade, essa é a sabedoria.

Crianças próprio jazendo velhos recuamos a usar fraldas,
isso não é caricato, burlesco, velhos aos setenta, oitenta?

Aguarde um pouco, todavia, quantos anos possui a vida?
Oh meu Deus! Gostaria tanto de apreender, como a vida!

O ENSINAMENTO

Até onde vais vós até o norte?
Não, não, vós não irás, a vida,
ela sim irá por ti até o fenecer.

Porque tu estais imerso nela e
se quiserdes saíres simples és,
necessitas descobrir teus véus.

Não a sigas, o vosso caminho,
do contrário, seguirás a trilha
da sua irmã, a morte, e existe.

A vida, é o respirar, é o saber,
aquele concede-nos sabedoria,
morte óh fim da afetuosa aula.

Mas todos o serão vencedores,
ela, é o constante aprendizado,
imaginastes cessar o aprender?

As cincadas pares de cometer,
óh, mas não existem os erros,
não, não existem, és verídico.

Até cessarmos de cometê-los,
aí eles já não mais coexistem,
porém que nos serviria o erro?

Porventura não seria para que
vós adviesses, destarte, a vida
estais aparelhada a lecionar-te.

A MÃE E O PAI EXCELENTES

Somos seres inteligentes, podemos,
até fazer coisas surpreendentes mas
a vida, ela é mais, por isso existem
caminhos que nos deixam para trás.

Contém o contrário também, nessa
razão ela é abundante e admirável,
entretanto a vida, ela te avisa viva,
vive vedada mas, dá suas avisadas.

Todavia, quem o jaz conseguindo,
seguir o vosso curso se não segues
ela te leva junto, ela é enorme mas,
sabes e ambicionamos ser maiores.

Porquanto embora somos pequenos
melhor, sejas admitir, que te cobrir,
talvez, proferir, que somos grandes,
e assim como queiramos nos evadir.

A vida irá sorrir, ah, mas e o prazer,
o que podes advir depois do prazer?
Outro? Mas e um pouco de esforço,
que advirá, logo após todo esforço?

É aí que está, agora é hora de saber,
quem verdadeiramente és que estas
a crescer, e saber onde está o sofrer,
mas, tu não és, a vida estais repleta.
Jazeis equivocado, que equivoca-se
mas, o problema é pensar, repensar,
e só de uma maneira, para não dizer
da vossa, porém ainda vós sois vida.

Existem, outra e outra e mais outras,
queira contar até onde vosso cérebro
abona, a mente dá vida óh meu Deus
vida, ela, quem deveria ser venerada.

À ela deveríamos ser devotos, deves
ser o nosso Deus, alguns dizem amar
uma divindade, odeiam suas próprias
vidas, entretanto será difícil aceitá-la?

Humildade para pedir o vosso perdão,
peça à ela, a vida também é uma Mãe,
já a morte, és o pai, e é assim mesmo,
quando, com a Mãe não aprendemos.

Ela passa-nos para o Pai, muito triste,
não é tristeza, és a ânimo da natureza,
o tempo, que corróis com reclamação,
poderia tanto ser esgotado com a vida!

A EXCELÊNCIA DA CONSTÂNCIA

Comemoremos e brindemos à vida,
quando não aprendemos, voltamos,
outra oportunidade, ela nos oferece,
afirmarás na natureza nada se perde.

Não dá para fazermos sempre o que
queremos, é necessário fazer aquilo
que precisamos, é a vida escalando,
e nem sempre, estamos observando.

Deixe-me pensar, o preciso realizar,
o que vos queres deixes como estas,
és quem a perfeição soube alcançar,
entendo, que vivo, cá não mais está.

Aprendeu, que a vida tem de trilhar,
um sábio chegou a dizer que não há
inimigos, é somente a vida avisando,
o caminho que carece ser percorrido.

Não necessitamos de falar sobre ela,
se, estais vivo, vós a conheces bem,
quiçá redundante seria ir mais além,
mas, quem sabe a vida não convém.

Com a consciência, queres adquirir
consciência, aprendas com ela Mãe
de todas as mães, que ela, ensinará,
óh! Uma hora a vida irá, melhorar!
Aprendas tu com a arte, mas a arte,
de esperar, ela ensina-nos a espera,
8 bilhões de pessoas, não é preciso,
calcular, e abanques a vos preparar.

Minha vida, está por acabar, a vida,
não, é você que está procrastinando,
a vida continuará, por isso a calma,
que a vida, talvez, queira o lecionar.

Medite sobre quem é nosso planeta,
como, as vezes, ele recebe cometas,
a estratosfera protege o ultra violeta,
seu ritmo, ainda tem a ver, com isso.

O ritmo, é uma lei mais do que real,
podes percebê-lo num sistema ideal,
o vosso esforço, tem que ser animal,
sem este detalhe a vida fica anormal.

É a vossa vida, o vosso coração, dia,
a respiração, do pulso à impulsão és
a aceleração, acelerastes então ou és
arritmia operando a desorganização?

Tente, tão-somente tente, a tentativa
já é vida és o descer do rio e um dia,
uma hora tu chegarás ao grande mar,
não é jus duvidar, ele até vos espera.

Hum, olha a espera aí mais uma vez,
nossa parece uma arte, irei praticar a
arte de esperar, mas por favor, faças
alguma coisa, enquanto, vós esperas.

Como a vida não para, ela urge vida,
exige, constante movimento, seria a
oscilação, ritmo? Talvez, contrastes,
vós em mais um conceito da criação.

GOD BLESS YOU

No jardim de acácias perfumadas com bromélias,
perfumei-me e senti o perfume de uma Nova Era,
ladrilhada nos ladrilhos da compaixão e do amor.

Não há alguma conspurcação a não ser beija-flor,
há fragrâncias de todas as rosas, flores do Mundo,
poderiam perfumar sutilmente, de amor profundo.

Sentiríamos, o suave aroma colorindo nosso aura,
todavia, a carnificina, o derramamento de sangue,
nunca deixastes ao assassinar um animal inocente.

Esse cheiro igualmente exala por toda nossa gente,
imagine um pouco se eliminassem os matadouros,
fico a raciocinar minha mente não alcança emanar.

O que entenderam quando disseram: não matarás!
Noto, tinha um ser humano na frente: não matarás
um ser humano. Mas, não era isso! God bless you.

É UMA FILA

Negra, branca, amarela, mulato ou mameluco,
qual a diferença se todos chamam Raimundo?
Em um planeta miscigenado pelas diferenças,
existem seres querendo contestar os sistemas.

Um planeta com robôs, todos iguais, que ócio,
que para um único homem são serviçais é um
raciocínio dentre os desiguais é esplendoroso,
acabar morrendo e sendo jogado em um poço.

Para pessoas como você, uma máquina é mais
inteligente, robôs humanizados não ajudaram
toda a gente, controlados por um ser somente,
dane-se entrego o poder, governe quem puder.

Quer o domínio de tudo? Tome ele é todo teu,
vamos ficar por aqui só observando vai matar
tudo e todos e ficarás a sós falando, és melhor
vossa majestade, governar a si só vos calando.

Todavia, seriam feitas todas as tuas vontades,
impossível racionar, é o jazigo do trabalhador,
tenho certeza de um condição se em todos nós
houver união, nenhum tirano, nos governarão.

Os que estão no poder não irão ter outra saída,
todos nós deveríamos parar deixar os veículos
nas garagens, não continuar a fomentar, assim
como sustentar esse atual sistema é recomeçar.

Mas, falta-lhe coragem, não é o que está cheio
nesse mundo de covardes, receando sua azada
vida, enquanto outros estão morrendo, és uma
fila, acovardando-se irás abeirar-se sem saída!

O ESPLENDOROSO LEVIATÃ

Para que, tu quereres o que quer?
O que o homem realmente, quer?
Mas, o que tu insistes em querer?
Óh! Criador, fico envergonhado,
em saber que aspiramos, a coisas
tão pequenas, fúteis, mesquinhas.

Hilariante! Mundo de aparências,
pois que desabem vossos castelos
edificados na areia aguardem por
um momento quando assoprarem
os ventos e debruçarem sobre vós
as águas atormentadoras dos céus.

Esplendorosa Mãe fazer tremular,
o teu ventre, com os gemidos das
dores do teu parto as tempestades
agudíssimas eclodirem, o gigante
e esplendoroso Leviatã, abalando
ao mar os abissais cubos de gelos.

Os azuis deixam pólos enevoados,
os desmedidos vulcões, cuspirem
de volta as más atitudes recebidas

pela Terra, como os Senhores dos
quatros cantos soltarem os ventos,
fazendo tremular toda a superfície.

Os quatro cavaleiros alavancarem
teus tormentos; o que vós embora
queres, exíguo ser? Materialismo,
domínio, no nome que lhe deram?
Vedes vós, óh Caveira encarnada,
que agitais até chegado vosso fim.

TODAS AS REALIDADES

Nos sonhos de sonhos passados sonhei,
que tu sonhastes que estavas sonhando,
um sonho que sonhando sonhavas alto,
no sonambulismo dos sonhos noturnos
metaforicamente, em metáforas, sonho.

Sonhadores, de outros sonhos desatina
na realidade, soníferos sonos daqueles,
submundos de sonâmbulos sonhadores
de sonhos pretéritos e futuros os quais,
sonhavas destinando verdade profunda.

Fábulas folclóricas mitológicas e mitos
sonhadores dos sonhos mais que irreais,
da realidade existente em outros planos,
verdadeiros contos e sonolentos sonhos
de sonhadores que pensam que sonham.

Mas, na verdade não sonhamos sonhos,
é a realidade transmutada em desenhos,
complexas almas arquetípicas noturnas
dos arquétipos específicos dos mundos
não fantasioso, mas legítimo que existe.

Pois não há inexistência da existência e
mentiras e fantasias nesses alvoroçados
relapsos de simbolismos, que címbalos
sibilantes os brilham em um instante no
mundo arquetípico, da mente cintilante.

COMO É CRIADO SEU MUNDO

Pensadores povoam pensamentos passados,
na profundidade das interligações cortantes
de sinapses flamejantes nos relampejos são
chispantes de luzes reluzentes que reluzem,
as formações de todos os céus chamejantes.

Um ser criado, num só instante por uma ou
duas meditações estonteantemente brilhante,
o raciocínio frígido da madrugada faiscante,
que nos levam ao trilho dos pensamentos, e
concatenem, a concatenação numa conexão.

Pensados e não pensados em nada pensarão
sanados após formulados, o conjunto dessa
imagem não falada porém lúdica aprofunda
profundamente na profundidade que pensar
aprofunda aprofundantemente vos penetras.

No mais recôndito inconsciente desse lago,
submergindo profundo onde a mente doma
seu mundo transmutada em relapsas ideias
absorvidas em sons captados atravessam os
teus sentidos, vão criando-se todos mundos.

Daquilo que tu absorves em vosso profundo
inconsciente da não limitada mente que não
mente mas produz no espaço recortam-te de
um tempo declinante onde espasmos vão se
metamorfoseando, onde tu, estais habitando.

POR FAVOR, VÁ SORRIR

Loucamente, na loucura de um louco,
que não condiz, um pouco com outro,
possui, um padrão de loucura ausente.

De outro louco que não acha-se que é
louco pois seu padrão está igual a tela
que sufoco viver em mundo de loucos.

Delirantes, todos sem exceção loucos,
não são, julgam-se espertos, rotulando
seu irmão, assim sobra o louco a mais.

De um ser que foge ao seu modelo não
pode ser respeitado, por seu intrínseco
modo de viver corroborante, diferente.

És um mundo bitolado por padrão são
preenchidos por várias outras pessoas
que devem ser iguais, ao si ludibriam.

Estranhas, estranhezas que estranham
estranhamento da estranhação daquilo
que o inocente nunca vistes o estranho.

O estranhamento na estranhação, teus
olhos apertados inócuos o raciocínio é
a astúcia do padrão do teu pensamento.

Daquilo que você nunca havia pensado
e ainda mais com preguiça de continuar
porquê pensar não lhe dá prazer é taxar.

A ARTE ESTÁ EM SEUS OLHOS

Maomé, Buddha, Zoroastro, Jesus Cristo,
Apolônio, Nicodemos, e Melquisedeque,
Abraão, São Paulo, São Cosmo, Damião.

Freira ou Injusta, Bispo, Padre ou Irmão,
o Africano tocando o seu tambor rituais,
sorrisos, cântico, dança, prantos, louvor.

João Batista, Noé, frigorífico é religioso,
promessas outro nome pede exclamação,
curral organização, apotegmas fundação.

Vós antes queres fazer parte deste grupo,
ou daquele, para encaixar no seu encarte,
porque não respeitar forma de fazer arte?

O CRESCIMENTO

Dor e sofrimento eu sinto muito eu lamento,
doer para crescer, doer para fazer se refazer,
ofendendo-se sem resolver crescendo se dói.

O corpo estica a alma corrói nas doçuras nas
lembranças de quando eu era não apenas sua
lambança, que ser com tamanhas esperanças.

Enquanto também crescia e aquilho me doía,
entre catarses e espasmos mas eu vós sabias,
ver que o mundo não és uma mera mitologia.

Não sabia assim como não reconhecia que os
meus olhos não me viam, que somente outros
indivíduos julgaria mas eu não me reconhecia.

Os olhos esbugalhados para fora só enxergava
quem estava do lado de fora mas quem estava
aqui dentro não se via, realmente era a agonia.

Para me ver necessitava de um espelho e não
sabia, e no momento em que via-me no outro,
aquilo é verdade me doía e eu não reconhecia.

Imputando-lhe os problemas não sabia que eu
era um esquema o egoísta sem nenhum dilema
que não enxergava solução apenas o problema.

TEIÚS

Quiçá, eu tenha, nós temos, vós tejus,
um problema, duas, três adivinhações,
pró de problemas na problematização
de alguns problemas problematizados.

Problematizando os problemas já pré-
programados pensando eu pensava ou
juro que sonhava na realidade fúnebre
e funesta das problematizações e meus.

Problemas crendo eu piamente em um
sistema, onde se tu resolvesse os meus
não haveriam os teus, em mundo onde
os problemas são as problematizações.

Vendo apenas problemas não entendia
como funcionava o sistema problemas
e problemas sem pensar na dissolução
só aumentava, aquela problematização.

Os problemas, são enigmas que sabeis
exigem uma contrapartida, no entanto,
vós ignoreis, mesmo, conscientes que,
existes uma saída para a vida labirinta.

A solução porém é uma condição que,
exige exclamação mas com a covardia
vós abris vossas mãos deixando-vos o
deslizar majorando a problematização.

É O FIM

Vejo isso, vejo aquilo, ouço isso ou escuto aquilo,
surgi aqui onde me sento, onde posso me levantar?
Em arte as ações deste corpo que vão caminhando.

Talvez, agindo com as ações de meus sentidos que
são exíguos precários e meus pensamentos exigem,
que formassem um mundo, diferente do que existo.

Do qual estou vivendo aqui dentro, mas onde sento,
onde me levanto, o que faço, se não estou andando?
Passo a semana inteira só pensando e ensaiando-me.

Trabalhando ora me sento exora alguém me levanta,
porém, para onde essa labuta estas me levando? Não
sei não me importa, o Fim de Semana está chegando.

Vou vivendo me escalando e esquecendo até mesmo
do que estou falando apenas preocupado com quanto
estou ganhando eu não sei os lazeres estão chegando.

Vou casando, me divorciando e só comigo que estou
me preocupando, enquanto isso a vida está passando,
e o tempo que tenho estás acabando fico reclamando.

Viver para mim mesmo é o que está importando e as
pessoas estão reclamando aonde nosso planeta jazeis
chegando não é o planeta são pessoas nele habitando.

CENSURA

Questionando, questionei e questiono o
inquestionável em questões não faladas
nos questionamentos, do que ainda não
haviam questionado, mas eu questionei.

Quanto a isso, ficam com furor de mim,
para não proferir que banal odiaram-me,
falar o que se deve e é vosso dever falar
no entanto, não sabeis o quanto arrazoar.

E o império do medo lhe comandar sorte
que quem está a falar de algum contorno
quer-lhe obrigar a tão-somente o escutar,
é exatamente o que se faz para comandar.

Vais a tela escutar, somente ouvis sem o
poder de refutar e programado vós ficais
com a programar que ousam lhe imputar,
se contrário vós almejares, deves pensar.

Pensar na solitude para vossa existência
transformar, por isso tens o controle nas
mãos, tens vossa voz, sua ação para que,
renoves teu pensamento, dessa condição.

PAREMOS

Andando eu andava tu andas ele andava nós
andamos tu andastes, vós andeis eles andam
nós andaremos as andanças das quais andam
os andamentos, nenhuma mudança andemos.

CONTRATOS

Casando, casei cansado cansei, casamentos e
dos quais passei nas casas onde os interesses
que vagueiam na afluência de dois cadáveres.

Onde, cada um de si tem nortes antagônicos,
e diferentes até que um dia os dois caminhos
somente se distanciam e não há nada a fazer.

Tão-somente mais sofrimento geraria mas eu
anseio da teimosia aprendi isso quando guria,
não abandonava, da barra da cauda minha tia.

BUSCADORES

Rebrusquetas desordenadas rebuscais as
rebuscações rebuscadas de buscadores e
que apregoam o que nem o que buscam.

Portanto, sabem mesmo o que perscruta
se vós não sabeis o que procuras e pode
ser que não haja nada do que tu procura.

[Busque, busque a si mesmo e não fujas.

NÃO FAZ PARA VOCÊ

Sentindo senti um sentimento que não havia sentido
já em meus sentidos mas não havia previsto contudo
tinha entendido que sentimos sentimentos daquilo o
que também não o sentimos isso por termos sentidos.

Ficamos, procurando em tudo um sentido e se não o houver um sentido, que realmente faças sentir o que seria impossível ser sentido, por não haver o caráter de captações desses sentidos nos sentimentos, sinto.

Ora já sentidos eu já conheço porque já senti em um dos meus capacitadores de sentidos mas se não fizer sentido para mim eu irei aceita-lo no sineto aceitação aquela que não traz a compreensão mas por exaustão.

Pensas e vedes que teu intelecto não pode raciocinar fazes sentido para vós não e se não inventar será que a celeuma está no sentido ou no entendimento daqui e que não consegues ou sentiu porque vos consentiu.

Se não faz sentido vou chorar não é melhor o xingar não faz sentido para você, qual a importância para o buscar entender o sentido daquilo que não se sente e ainda pode se sentir sentindo-se, é faz muito sentido.

VOCÊ É ENERGIA

Vibrando vibrações energéticas
puras energias do aura captadas
pelos complexos existências de
existências que existem porém
e poderão logo não existir mais
contudo se tudo é pura energia.

Eu perguntaria o que sobra não
olhe para trás depois que você

se for isso não sobra nada mais
será? Que há energia por detrás
da matéria que seria da própria
matéria sem a energia o alento?

Então agora tu descobristes que
tu sorrateiramente abrolha-se, e
passas se sentir em qualquer ser
as vibrações que do aura emana
vibrando, no campo magnético,
a animação, o vento que operas.

De toda a gente, mas o que faria
para alterar o campo vibracional
para vibrar numa frequência e ir
além do habitual ou o arquétipo
estabelecido para que se balance
queres, que eu fale, desenhando?

DOMÍNIO PRÓPRIO

Espirituoso, eu tenho um cérebro mas para que serve?
Quase não é utilizado mesmo, estou brincando de casa
fazendinha, meu pé eu uso mais a minha mão também,
ah aliás é veridicidade, tem alguns órgãos que são mais
úteis do que outros e não são mais utilizados mas será?

Por mim? Ou isso irá depender de cada indivíduo? Uns
utilizam mais a cabeça outros mais o corpo entre outros
intendiam-se e eu só penso em que devo fazer reflexão,
pensar, no que devo fazer, mas faço porque faço e para
que haja, uma justificativa, útil e necessária, do sentido.

É, infelizmente os valores que me conduzem, ou seja, é
aquilo que eu valorizo na vida, até encontrar uma saída,
o sofrimento bater em minha porta, há bateu, e isso não
me importa, eis que estou satisfeito, daqui a pouco acho
que vou sentir prazer, é claro, naquilo que me dá prazer.

A satisfação, barriga cheia é um deles, ah o mundo está
perfeito, agora não posso sentir um pouquinho de fome,
para que isso? Causa-me incomodo, eu não gosto de ser
sê-lo em minha abstrações tão perfeitas o bom é o irreal,
sentir continuamente prazer trabalhar para sentir-se mal.

[No final das contas é o que interessa para mim obrigado.

INTERCALADO

O mundo está assim, porque a Criatura Humana,
só pensa em si mesma, incluo-me de igual modo
nesta conjectura, não faz necessário realizar um
raciocínio silogístico para entender e de repente
sou intercalado por uma utopia, quer me perder!

Quem lhes disse, que as utopias são inverdades?
Elas são balões, até não serem mais, materializa
em nossa realidade, cada um de nós não precisa
ajudar o próximo, não de forma alguma verdade,
somos tão pedantes, e não sabemos como ajudar.

Nem realmente como ajuda-se um espelho, não
é necessário auxiliar ninguém, sejas verdadeiro

com o vosso interior, um pouco de caráter, não
faz mal a ninguém, deixa te falar bem baixinho
para que você não me responda com um ã ou q.

Somente pare de querer tudo para si mesmo, só
isso, é tão simples não é? Mas, porque vós não
consegues fazê-lo agora? Sim essa pergunta és
mesmo, um pouco antes complexa de resolver,
mas lembre-se, e somente, pare de tudo querer.

Querer para você mesmo, direta, indiretamente,
objetiva, subjetivamente, porque depois, alguns
são capazes de exclamar que não entenderam e
isso, para não sermos bem diretos, expressemos
o egoísmo que está encubado, no peito do cerne.

FICOU VAGO?

E o futuro, e o amanhã, o que nos aguarda,
ante tantas profecias, e declarações, com a
ocorrência de tantos eventos inacreditáveis
serão todos eles indistintamente confiáveis?

Que poderá fazer um bardo desesperançoso,
que perdestes ou melhor excluístes todas as
esperas, quem traz espera, cria expectativas,
quem cria expectativa perde-a num instante.

Porque escrevo, porque estou a escrever, da
vida nada mais espero, muito menos quero?
Nem mesmo rimas faço mais, vejo que isso
não me apraz regozijam uns se buscas a paz.

Interessante, e será que cumprem realmente como diz o diamante? Como sobrevivência em um planeta, com expectativas? Buscais, vós, alguma alternativa? Saíres, para cima?

E saíres por quê? E se eu ficar ou se morrer, que diferença devo fazer? Diz, que Sidharta Gautama iluminou-se, ao sentar-se embaixo de uma árvore, isso ainda consiste-se literal?

E onde será que está a razão? Eu não desejo nem ciência ter no exíguo tempo em que ela aparece, de igual modo ainda mais veloz ela deve desaparecer lembranças e expectativas.

De memórias e motivações, do que é feita a vida, a vida de cada irmão se estamos todos nós inseridos na mesma religião é o planeta Terra onde a vida habita, com sua condição.

Dessa maneira apreendes então que é quase impossível fugir ao destino, não obstante se ouve falar de um caminho, possivelmente é ele que vós deve estar seguindo, ou perdido.

Dentre, todas as desesperanças houve o um que bateu no peito e exclamou: – Eu o Sou, Eu Sou o Caminho! Foi crucificado, e fico a pensar, constitui caminho a crucificação?

Não, isso não é a emoção é meramente algo que, talvez permaneça oculto para escassos buscadores que existem nesse mundo, trata de uma ciência, antes da existência, de tudo.

O AMOR E A DESGRAÇA

Quem nada quer, que pode querer, que poderás fazer, labutar por um sistema, que não podes compreender? Há outra solução, utilizar corretamente só obrigação, despertes cedo, trabalhes até a noite, e lembre-se, não coma nem um biscoito, mas porque senhor para onde estou indo? Aos poucos, vou me esvaindo, é, já estou sentindo, às vezes, pergunto-me ao banho: será isso o sofrimento, trabalho, punição? Ainda mais, sem poder obter nenhuma ciência, tortura psicológica então, isso é labutar, deixar tudo, virar as costas e ir embora para?

Onde se não for para dentro de mim mesmo onde mais, desdenho de comemoração, não faço menor a questão? Aliás dispenso, por favor, sem cogitação pois a criação criou-nos para algum propósito, contudo, sem nenhum diagnóstico, mas o pilar da severidade está aí, ouse, ao menos não ouvir, a aluada em seguida vem e siga peça desculpas, suplique perdão, não ganhe nenhum vintém, vintém não literalmente, apanhou, gemeu, chorou, não fez menos que a sua obrigação, tchau, vá embora estou sem tempo para você agora, amém, vamos aceitar, pois.

Lembrarmos do passado, não devemos, traz um enorme sofrimento, escalar para o vindouro classifica-se com a maior de todas a miragens, vamos ficar no aqui e agora, alguma coisa nós fizemos para esse vale de ossos secos ter que atravessar, só não sabemos o que, há mas isso é problema nosso, e por gentileza, não me venham com a motivação, parece que se fizer, não fizer é tudo mesmo

uma quimera, só o sofrimento importa, destarte, a cura
está legitimamente onde incomoda, e sentar-me-ei aqui
no chão e fecharei a portaria, acreditarei na minha hora.

O PONTO FINAL

Promessas? Fique com elas para ti, ó prometedor,
isso até causa-me um certeiro pavor, prometi! Ah,
mas e o tempo? É igual ao vento, assopra, assopra
não sabemos, de onde vens, e nem para onde vais.

Que tormento não, não anseio nem uma satisfação
obrigado, depois dela, nós sabemos que é cobrado,
hei senhor, traga-me outra copa alastrando de dor!
Assim padecendo, acho que outros hílares ficarão.

Sorriam e ao menos deixem-me quieto quando eu
terminar esta, traga-me outra por favor e pode ser
com xingamentos, berros, gritos, não importa-me,
mas, quer meu corpo, ou outro? Para mim tão faz.

Ele não me pertence mais, aliás nunca pertenceu a
devida liberdade ele mesmo tolheu vamos ser bem
sinceros e suscintos, encontramo-nos numa prisão,
donde até a satisfação, trata-se de uma mera ilusão.

E depois da satisfação que desacorçoo, porém ficar
animado para que? Será somente por um instante...
Faça isso, faça aquilo, senão... senão o que? Senão
vais morrer, morrei feliz voltarei com uma cicatriz.
E esperarei para ver até onde isso irá dar, deixarei

todas as eternidades para lá, não quero e nem pedi,
talvez, tenha tomado, cuidado que a doença existe,
ora, estamos em um Universo que há aprisionados.

Imagine por um instante, o que pode haver lá fora,
adeus, enfastiei, deu minha hora que fiquem vocês,
irei ser apreciado, na derradeira e última hora, para
ser mais preciso é exatamente no romper da aurora.

HUMANA EXISTÊNCIA

O que, você quer viajar ver as montanhas todos panoramas,
andar de trem e depois de avião, compra joias, dirigir carão,
fazer tudo que puder fazer e depois, terminar em um caixão?

Qual o significado disso então? Ah preste bem atenção para
depois, tem a reencarnação. Estou cansado de crenças irmão,
até parece que o mundo é feito de religião tens que acreditar.

Quando para-se de acreditar em um coisa acaba, surge outra,
e quem já não acredita em nada mais, tem que ao menos crer
em si mesmo, que consegue, não somente naquilo que vedes.

Nesta acepção, quem não crede mais em seus próprios olhos,
que a generosa e transmutadora Mãe Terra, há de tributa-los,
fique com Deus amém sou um ateu, e daí qual é a diferença?

A diferença está, nos atos e nas atitudes, de qualquer pessoa,
ah, mas então, não se rotulem, tenha consciência, eu não sou
nada e nem ninguém, estou para aprender, pois, vim do além.

A CONSCIÊNCIA TEM DOIS LADOS

Esta noite quase não dormi,
quando, iniciava a letargia,
sentia o espírito se evadir e
de repente, despertava-me.

Não cobiçava sair de mim,
por mais nada, porém, não
sei, o que me acabrunhava,
ao pegar, novamente sono.

Apreendia e não sei como,
regressava, por médio dos
fortes espasmos, calafrios
em todo meu corpo sentia.

Calhei, a madrugada toda,
assim, a minha insistência
era, que ficasse sossegado,
não me movia igual pedra.

Ainda bem, que não tinha
ninguém por perto quando
amanheceu o sono adquiri
dormi um pouco e logo sai.

Levantei-me e passei o dia
refletindo no que houvesse
possivelmente me ocorrido
ou jamais havia acontecido.

Há coisas que talvez seja o
melhor não sabermos pois
beiram ao abismo e depois
de sabermos, é impossível,
que tu amanheças sorrindo.

O HUMANÓIDE

Óh Criador dessa Criação a consciência humana,
jaz realmente, uma consciência, melhor eu diria,
semiciência, tão exígua transparece uma ciência
invertida, é de causar-me calafrios seus conflitos.

Cerca de 7.111 idiomas no planeta, mal sabemos
a língua matter, e alguns, acham-se assombrosos,
inigualáveis, por favor, enterrem-me num buraco,
às vezes, arrisco um diálogo espontâneo, contudo.

Com qualquer pessoa nos elevadores, corredores,
pelo caminho do colóquio, enxerga-se a intenção,
poucos são os que estão dispostos a compartilhar,
mesmo que seja a gentileza ou um brilho no olhar.

Para onde iremos aluvião? A verdade é que a casa
encontra-se terrivelmente suja, e necessário se faz,
uma faxina, é difícil aceitar ou assumir, entretanto,
é disso que nossa Mãe precisa, uma Nova Criatura.

E, aos poucos, vou calando-me, pois sei que estão,
todos observando, não, não a si mesmos ou à suas
distorções, vamos embora não está me importando,
o problema é do planeta, não de quem está falando.

Mas será que eu não moro nele? Quão pequena é a semiconsciência humana e alguns ainda creem que são exclusivos no universo éh... quão apontada é a inconsciência sub-humana, é melhor, admitirmos?

E tomar nosso lugar, um lugar tão pequeno, assim como nós mesmos partilhar é a palavra que almejo experimentar, dividir meu tempo, um sorriso, uma lembrança, um abraço, um ósculo, mas com quem?

O CUBO SAGRADO

Quatro elementos,
quatro as direções,
quatro, as paredes,
quartas dimensões,
és quatro estações.

Quatro as fases do
Cadáver, de Osíris,
quatro, escorpiões,
talvez, os sejamos
quadrados, demais.

FLORES, INTRINSECAMENTE, FLORES

A Açucena, Adelfa, Acácia, Acônito o Alecrim,
o Amor-perfeito, Alfazema, Amarílis a Azaleia,
Anêmona do mar e Anis, Begônia e a Beladona.

A Bonina e o Brinco-de-princesa e a Flor-de-lis,
Tantas flores no mundo, e eu aqui com a minha,
tristeza, óh Flor da Laranjeira, é Dente de Leão.

Até as próprias flores possuem ferretes vós não?
Óh! Flores do Campo, ainda aqui no meu canto,
a enxugar meu pranto, irei chorar e plantar flor!

E a regue todos dias, com teu amor, que seja do
tamanho que for Festuscas, Falenópsis e Peônia,
Flor de Fogo e a Flor de Lótus, encanta a Dália.

As Fúcsias, a Gardênia, Genciana, a Gérbera, e
o Girassol, o Gladíolo, e Glicínia e a Hortênsia,
Íris amarela azul e branca, Rosas ou nas Flores?

Somente naquilo que lhe dá pecúlio doas valor,
porque, tristemente, o mundo todo está à venda,
não só objetos, os homens também as mulheres.

370.000 espécies de Flores pautadas no mundo,
e eu não encerro sequer uma, para me iluminar,
ao ambiente fitar, os olhares, dos que passarem.

Perfumando qualquer lugar com sua fragrância,
tão suave nos trazendo esperança quiçá admirar,
cultive Flores, cultive vós calor, cultive o amor.

Artisticamente agricultarás a ti mesmo, todavia,
jamais, esqueçam-se das Flores, desta arte, elas
possuem sua alma e seu espírito, Meus Amores.

SEU CORPO É UMA SINFONIA

Uma melodia, uma canção, uma sinfonia,
a música, é pura vibração e energia, você
também eu diria nosso corpo jaz a poesia.

A tudo ele pode adaptar-se gosto eu disso
gosto daquilo, gosta não é pura adaptação,
o costume, todavia, habitua-se com ilusão.

Com episódios nobres da vida, fatos ruins,
existem também, assim como existe a luz,
sua aliada a sombra o dia sua irmã a noite.

Tu podes adaptar-se ao que quiseres, pois
a transição que lhe é difícil, e em seguida
ao atravessarmos o grande rio enxugamos.

Renovamos as nossas vestes e saímos para
uma nova jornada, por isso, não leves nada
és tua consciência, quem deves ser apurada.

SÓ UM ABRAÇO

Sabeis o que é dor aqui em meu peito,
do lado esquerdo, desse mesmo peito?
Ah... almejaria em abraçar as pessoas,
mas, sem distinção abraçá-las a todas.

Nossa fatuidade e o ódio nos afastam,
e afetam-nos em nós mesmos mas sei,
tenho a plena certeza desse dia chegar,
e ele surgirá, quando menos tu esperar.

Algumas, já podemos abranger, outras,
portanto, és melhor não tentar resolver
tristemente, és o que lhe sucederás em
que não fiquemos eu triste e nem você.

Sorria, vossa alegria o mundo contagia
transforma e se criticarem-lhe não pare
continue a sorrir mas, cuidado também
saibas, a hora, em que tu terás de partir.

Para você, não vou mentir, não estarei
aqui para isso, e aquém lhe convencer,
julgues isto, ajuízes teus pensamentos,
nesta arte é você a própria consciência.

JUÍZES SEM FORMAÇÃO

Banharei as minhas mãos, pois desse
julgamento abro mão e quem almejar
julgue-me, estamos aqui a disposição,
além disso seus olhares absurdos são.

A vida, dou de graça, e se o fosse não
teria o menor sentido porquê julgaria?
Já que sou juiz de meus pensamentos,
por que a mim mesmo não avalio-me?

Se eu sentasse e passasse a me julgar,
será que irias me condenar? És assim,
quando condeno a meus irmãos, ah e
eles coitados são, nem sabendo estão.

Da vossa sentença declinatória vamos
nos sentar aqui no banco desta praça e
todos os que passarem vamos apreciar
inclusive vossos artefatos, o desprezar.

É assim, que iremos melhor nos sentir,
porquanto, todos estão sujos e na pior,
estamos limpos, como seu julgamento
a patifaria execrada, estais presa a vós.

Tu não o fazes, entretanto, nem sabes,
a razão, de um caráter como este, pois
não és tu um homem, jaz em infância,
que não ascendes, és tu um brincalhão.

O AMOR É ETERNO

De repente, segurei em sua mão.
Há gesto mais sublime que este?
É de um simbolismo desmedido.

Quando o pai, segura na mão de
um filho de uma filha, o contato,
o jeito, a atitude, diz sobre amor.

Outros já querem tocar às partes
domésticas, ora isso o poeta não
deves declamar, respeito é amar.

O amor é o toque com o respeito,
donde vens essa sublime afeição,
que desatina num nobre coração?

Porém, não sozinha, joga-se um
colossal balde de água frígida, e
foi de repente, de uma vez, pior.

Sem avisarem objetivamente ou
quem fostes, que dissera, que as
chispantes labaredas apagam-se?

A deferência devia permutar-se,
a tudo e a todas as criaturas, às
plantas, além disso, aos animais.

Essa chama, que à alma inflama,
por isso deve-se saber controlar,
caso contrário, pode-se queimar.

Venhas, segures em minha mão,
dance comigo no saguão, porém,
sem pensar em nada ou ninguém.

E com nossas mãos entrelaçadas,
o pensar a nós cingido e seguido
a isto, esqueçamos nossas vidas.

E sentiremos nossas respirações,
escutaremos os nossos corações,
que seja eterno enquanto o dure.

Mas, nós sabemos que irá durar,
por toda a eternidade, irei amar,
destarte, a vida é mesmo eterna.

Separados, porém não ausentes,
agora, nos amaremos de formas
diferentes, o amor não é a morte.

O clamor com afeição e respeito,
reconhece tudo com a dedicação,
caminhos díspares se concluirão.

O HOMEM VITRUVIANO

Guiando-me em um beco sem saída,
estrelas, que caíram e parecem estar
perdidas, em uma peneira esquecida.

Como uma estrela perdida pode estar,
se ela possui a capacidade em brilhar?
Tão-somente, se a vossa luz se apagar.

Foras isso que acontecera quando ela
ao declive caíra, para que novamente,
possa ascender os braços deve mover.

Visivelmente é difícil de se encontrar,
desta feita, uma estrela deves retornar
a chamejar, e com teu brilho iluminar.

O homem vitruviano, irá nos lecionar,
quando, estendendo seus braços a sua
estrela pode formar, retornar a brilhar.

Caso contrário, como ele continuaria?
com os pés juntos, e os joelhos retos,
para sempre crucificado prosseguiria.

QUÉFREN, QUÉOPS E MIQUERINOS

As três abissais pirâmides erguidas,
a Quéfren, o Quéops e Miquerinos,
todas voltadas para as Três Marias,
na constelação de Órion, apontaria.

Mas deve ser por acaso ou engano,
eu não entendo, quem está falando,
foi assim que eu comecei a golpear
minhas asas e o acaso a questionar.

Mesmo sem nada entender na outra
direção em plena grande Amazônia,
outra grande pirâmide oculta estaria
submersa por uma montanha ficaria.

Talvez, seja abstruso apreender com
o raciocínio lógico nem consigo ver,
imagine um hieróglifo mas para que?
Quanto isso vale, agora quero saber.

Deixe-me falar bem baixinho que é
para você entender, de onde tu vens
e o que é você, para onde, tu vais, é
só esquadrinhar o teu pequenino ser.

Escanei a vossa vida, vossa vida são
vossos atos, ouvis falar das práticas,
espirituais, e elas são o que te apraz,
para alguns elas são bebida e comida.

Belo yoga para vós e vossa televisão,
ora, queira desculpar o mestre Platão,
pois na caverna eu fico sentado numa
bela mansidão, fora devo eu marchar.

Andar, subir e ainda a vida a escalar,
irei ficar aqui mesmo vendo sombras,
enquanto os corajosos desbravadores
que não temendo a morte a exploram.

Cientes de que a vida é o movimento,
a liberdade ficas aqui para dentro, no
pesar de cada peso apanhado a vitória
pode ser aos poucos por ti solenizada.

John Locke, deveria ser somente ator,
esqueça, vamos de filme aterrorizado,
mas, terrores reais terás do outro lado
da vida não importa mais ficar parado.

Se vós estais sentado preso vós estais,
se, vós te levantas, acorrentado ficais,
mas tá bom, meu intestino está cheio,
levante a cabeça e cesse a reclamação.

Nossa vida não é feita só de covardias,
saiamos em busca da verdade eu diria,
soubestes vós, que a ocultaram de nós,
e de muitos, ela prosseguirá escondida.

Aguardando, audaciosos e destemidos,
que tem aspiração pela eterna vida que
foras declamada há muito por profetas,
a encontrar a saída, da ilusão preterida.

Não, porém quereis vós que a verdade
crie duas pernas e caminhes até nós é?
Serias mais sossegado, assim cômodo,
então profiro atroz tchau beijo de sono!

O PODER DA IMAGINAÇÃO

As edificações e as construções, através
do abstrato tudo se materializou, porque
materializa-se tudo aquilo que tu pensou.

Por isso muito cuidado com o que pensa,
pois teus pensamentos, são mais reais do
que tu imaginas, dentro daquilo que cria.

E acautela-te ainda com a vossa imagem,
criada na tela mental quão uma paisagem,
mais real do que vós pensais em imagens.

Por isso, um sábio disse que se por acaso,
quiseres acessar o Reino de Deus, tens de
ser como uma criança, quanta meditação.

Jazemos falando de sabedoria, tu citas as
tuas e eu cito as minhas, e unimos nossas
sabedorias, ficaremos, mais sábios ainda.

Nessa Gupta-vidya, arquitetes vós vossa
própria paisagem, como quisesse que ela
fosse a tornar-se realidade, mas, cuidado.

Espere um pouco, é de se preocupar pois
quem estas a imaginar, saibas tu que com
a imaginação tudo podes criar e desenhar.

Mas, é como confeccionar uma máquina,
temos que o minério da terra retirar, para
o aço poder se cultivar, e passares a criar.

O que tu imaginastes, não ficarás pronto,
somente com um estalar, tenhas cuidado,
nesta arte, o que formares irá transformar.

EFEITO BORBOLETA

A verdade está escondida. Não, não
está, é você que não tem a coragem,
para ir buscá-la, pois ela, poderá ser
excessiva, dura, para vós a suportar.

A verdade pura, ah ela é como o Sol,
todavia velho bardo ela é pra poucos,
a veridicidade é libertadora mas tens
que haver a coragem, para suportá-la.

A libertação, talvez tenhas seu valor,
mas, vós estais acostumado à prisão,
existem coisas, as quais tu ainda não
vistes, com vossos olhares, murchos.

Não te preocupes, a culpa não é sua,
é da verdade, ela está lá no cume no

primeiro lugar, aguardando somente
tu chegares, preste bastante atenção.

Não existem atalhos ou meio termos,
escusas esfarrapadas, que sente sede,
ou cansaço ela é verdade, lembra-se?
Por isso está lá em cima para poucos.

A mentira não ah essa não, está solta
lá embaixo em todos os lugares, não
é necessário correr atrás, ela vem até
você, declaro-vos, faz questão de vir!

Entretanto, por que tu óh ser humano
apetecer-lhe-ia em almejar, quere-la?
Isso, tão-somente umas velhas almas
sabem estão arrebentadas da mentira.

Essas inverdades que contaram a vós
ao corpo achastes boas, convenientes,
nesta arte não, a verdade, o machuca,
ela cartácea, mexe por dentro, corrói.

Arregalam vossos olhos, a borboleta
adormecida desperta-te no estômago,
e de repente vós submergis o apetite,
ficais sem anistia, sente frio, calafrio.

Não aspira nem tomar água não quer
mais sair, anseia ficar escondido, faz
te tolerar duas, três, quatro Catarses,
é quando, a borboleta deixa o casulo.

PÁSSAROS SOLTOS

Cantares, cantareis, e cantaríeis,
milhões de espécies de pássaros
soltos, a bater vossas belas asas.

E continuamos trancados, nessa
grande casa, apegados a ela, não
carecemos de mais nada, dormir.

Bem que poderíamos abandonar
o apego pela existência, colocar
o capim no bolso e pegar o trem.

Explorar outros morros, e ainda
outros campos e outras cidades,
outras saudades, agregando-nos.

Novas culturas nelas, fazendo a
nossa parte, vislumbrar diversos
povos e milhões, de outras artes.

De maneiras tão extraordinárias
sentir outros ares, em diferentes
paisagens, e ocultos continentes.

Abrangendo e expandindo nossa
mente mas não sejas descontente,
prove fazer coisas surpreendentes.

A CARAVELA E O HADES

De caravelas em caravelas,
vou navegando, no infinito
mar, da existência sublime.

Onde irei chegar não pode,
ser uma mera coincidência,
haverá, supra inteligência!

Agora, estou em um barco,
amanhã, estarei num navio,
em algum tempo atracarei.

Que virá após as caravelas,
apenas, o tempo nos falará,
todavia melhor não esperar.

Confies em ti mesmo, e na
inteligência da criação, por
enquanto busque apreensão.

Todavia, após as caravelas
não embraveemos navegar,
quiçá, saltearemos a voejar.

De caravelas nas caravelas,
sairemos a navegar, e essa
ampla viagem irei respeitar.

Para que, longínquas ilhas,
possamos contemplar, e as
armadilhas a barcos passar.

Vós és conhecedor e sabes
de qual barco estais a falar,
pois um dia tu, o irá deixar.

Porquanto, o barco ajudou
a atravessar, o imenso mar
e, à outra margem, acostar.

Agora não o carregue nesta
arte em vossos lombos, tua
jornada, tens de prosseguir.

Agradeço, tão-só agradeço
pelo Hades atravessar, e a
certeza, que forte irei ficar.

PASSAGEM

Coisas que vem e lembranças que se vão,
predicado da vida, quer tu queiras ou não.

Artisticamente vivestes tantos anos ainda,
não compreendes do que estamos falando.

A impermanência será sempre arguida ela,
é nossa saída, todos estejais sempre à vista.

Quando amanhã ao abrir vossos olhos veja
no calendário vós não estais em um velório.

De fazeres as coisas acertadas, encarares a
viagem, pois aqui o poeta jaz de passagem.

Porém, olhes para frente entremeios é tudo
uma miragem, siga vosso caminho honesto.

E não perca a oportunidade para quando te
atracares à margem, seja leve, a passagem.

IDIOMA OCULTO

Por meio de amplexos e apertos de mãos,
gestos, sinais e a linguagem de expressão.

Há um idioma escondido do qual eu, não
abro mão, a linguagem do corpo coração.

Do coração, nesta arte hoje em dia azado
vocábulos submergiram, força e eficácia.

Ditas aos ventos não me roubam atenção,
todavia o gesto pode vir após a expressão.

Sem dizer nada nossas almas o entendem,
iremos bater nossas asas iremos contentes.

Eu sendo um homem você minha mulher,
fomos feitos pelos deuses, tão seletiva, és.

Como, em um quebra-cabeças jaz o viver,
cada peça tem encaixe pude compreender.

Porém se colocarmos as peças nos lugares
equivocados, pode virar exata adversidade.

O BEM E O MAL

Entre o bem e o mal, não existe luta desigual,
por isso o chão é preto e branco isso é natural.

Contudo, o mal, este está em cada um de nós,
por isso, o homem, és dividido em duas faces.

O lado direito e lado esquerdo isso é uma arte,
porém, alguns só movimentam uma das partes.

Estes, acordam cedo e domem tarde, outros, já
possuem o lema de que somente acordam tarte.

Não ligo para lema, nem para o vosso sistema,
dever para mim é ordem e não a sua desordem.

A existência lhe cerca como num labirinto vós
não sabes para onde estais indo e estais caindo.

Suba o muro ou desça a escada, não enfrente a
frente a jornada, que de vós não irá sair o nada.

VITÓRIA SEM MORTES

Na neblina, da manhã,
acorda o grande xamã,
de teu sono, despertas,
é chegada a hora certa.

Esfregas os dorsos das
mãos, no enorme olho,

para melhor, enxergar,
tudo ele terá de passar.

Com o nevoeiro turvo,
ele não vê quase nada
ao seu redor, a ciência
ele possui, é a jornada.

Que trata-se de um dia,
instinto é pura valentia,
das trevas o xamã saiu
quando a luz ressurgiu.

Seu corpo fora criado,
para a movimentação,
parado por um tempo
ele perderá a situação.

Com sua zinga, e seu
barco leva sua flecha,
além disso teus arcos,
sua manta é o disfarce.

Descalço, sai a correr,
pois até o tempo, tem
que sua hora, refazer,
desperdiçar teu poder.

Com sua lombar toda
caracterizada, de um
aprontado, guerreiro,
tua força é justificada.

Com a faixa de tinta,
vermelha nos olhares,
camuflado xamã está,
da matança, do olhar.

Sua arte não consiste,
em tirar humana vida,
meditou que a exímia
sabedoria é poupar-se.

Vencer, a batalha com
astúcia, é inteligência,
sua conspícua maneira,
a alcançar consciência.

O FIHO DE UM GREGO

Uma montanha, um lago, o pico do Everest a lumiar,
precipícios, despenhadeiros, deslizamentos de pedras
e de um perigo que nunca cessa, estamos a ponderar.

Na Terra o homem precisa saber onde seus pés pisar,
pois o passo em falso, a própria vida pode lhe custar,
tem quem preste atenção nas fantasias, mitos, lendas.

De seu lado negro a Branca de Neve e os Sete Anões,
era apenas o enredo e crianças podem ser ludibriadas,
mas não o filho de um grego sagaz, seguirá a jornada.

Seus próprios pais as vestem, persuadidos pelo temor,
esperam, que seus filhos cresçam para se prepararem,
e quando a idade adulta chega ficam a se lamentarem.

Onde estão meus mundos de fantasias, além disso, os
meus anseios? Encontram com um pouco da realidade
e já não conseguem, igualmente, cessar suas vontades.

Chegando no ápice a azada rebeldia os invade, alguns,
tornam-se covardes, para isso que os verdadeiros pais,
são filhos, pois na vida, a disciplina, é puro raciocínio.

Tanto para o homem bom quanto para o homem mau,
o obedecer às Leis Divinas não está acima do natural,
este é o perfeito costume de cessar e podar seu animal.

O animal não é que seja intrinsecamente mau, todavia,
um selvagem necessita ser amansado acima do normal,
se apeteceres conviveres no seio de seres a vida global.

Ou que te retornes para a jaula e lá fiques aprisionado,
enquanto seu corpo emocional, não estiver preparado,
a Lua será o teu guia e o Sol você abandonará de lado.

O Sol iluminas a Lua, a qual, recebes tua luz, por isso,
viverás na sombra, pois somente ela é que vos conduz,
pela força de Osíris, serás guiado a viveres ilusionado.

O MAL ANIQUILAR-SE-Á

Bandeiras, trabalhos, os construtores,
sabem bem, como construir um torre,
mas por um minuto eu posso indagar,
para construir, é necessário vida tirar?

Pessoas irão morrer o tempo irá levar,
não parece coisa, de gente inteligente,
pois, se realmente houvesse sabedoria,
um milhão de maneiras, o encontraria.

Não tentarei ao menos ousar justificar,
nesse raciocínio, não banco questão de
acessar se descer mais acabarei por me
machucar, para o alto aprendi a escalar.

As situações tristes, deixamos de lado,
o difícil é quando olham-me torto, e o
maxilar começam coçar, existe algum,
motivo? Permaneço a me questionar...

Nessa vida e no mundo, vi quase tudo,
o que não percorri, assemelha e muito,
Caim chacinou Abel, seria um escopo
torpe ou fútil a inveja é vosso absurdo.

Fico a me averiguar por quanto tempo
trataremos que aguardar, para que em
uma Nova Era nós possamos adentrar
e esses indivíduos se auto exterminar!

O JOIO CONVIVERÁ COM O JOIO

Já pensastes porquê as armas tu confeccionaste?
Colocastes, uma mão no queixo e raciocinastes?
O conhecimento que fora usado para uma arma
inventar, o poderia, para a vida humana triunfar.

Quantos bons inventos, quantas boas invenções,
poderiam ter auxiliado milhões hospitais cheios
de feridos, mortos e doentes e um certo homem
com a cabeça na Lua e o sorriso em seus dentes.

Nossa cura em nosso próprio planeta pode estar,
basta cada um fazer sua parte, para vida triunfar,
pois o homem é mantenedor dessa vida singular,
somente dessa maneira uma saída irás encontrar.

Auxiliando meu próximo ou qualquer criatura a
vida transmutar-se-ia, alastrando-se toda a cura,
a Terra estava bem sozinha até transmutar-se-ia,
agora, espere um pouco, o planeta parece morto.

O câncer surgiu e outras enfermidades nasceram,
não sou portador de flâmulas, países e fronteiras,
embora, o estandarte branco seja o único correto,
sem países, sistemas, muros barrais ou concretos.

Construiremos as pontes e plantaremos a videira,
transitaremos livres sem muros que nos impeçam,
o planeta é um só e a humanidade não si desidera,
falaremos uma só linguagem, viveremos nova era.

Nosso objetivo será somente a evolução, a física,
psíquica, moral e espiritual, evoluiremos de uma
forma que amansaremos o animal e labutaremos
pela vida acima do habitual sem evento anormal.

Tudo que pensarmos será celebre e motivacional,
todas a criações e alvitres não haverá mais o mal,
que ficar do lado obscuro partirá sem dizer tchau,
com certeza separados seremos, homem e animal.

Nesta arte, todos nós viveremos acima do natural,
quem amar a maldade não mais atingirá bondade,
e amando o bem, não mais terá de suportar o mal,
o maus serão felizes com a covardia de tirar vidas.

Estes poderão sentir na eterna pele sangue e ódio,
se anseiam na crueldade com ela estão com sorte,
somente com outros maus seres iguais a seu porte,
que matam, ficam felizes, e alegram-se com ódio.

A MENTE E O UNIVERSO

Um Novo Mundo pode estar oculto a todos nós,
já sabemos que estamos, em más lençóis, todos
temos dois olhos físicos perfeitos mas com eles
o que conseguimos ver, dissipar, ou reconhecer?

Entretanto, poucos são os que jazem perscrutar,
para que um púbere caminho possam encontrar,
a esmagadora maioria quer realmente é destruir,
não sei como vou saber, não me puxastes daqui.

Minhas crenças, formam o meu próprio planeta,
se deixares a estas mesmas abrir-vos-á um novo,
bilhões, de humanoides seres coexistindo juntos,
cada um com sua crença vai definhando confuso.

Vossa mente, será de igual modo o teu universo,
transmute teus pensamentos, viverás no paralelo,
se ainda não sabes como fazê-lo, destarte, podes
esquecer, o dia que o quiseres saberás responder.

DEPOIS DO PODER, GUERRA

Incluso no coração, num metrô ou avião,
golpeia-me uma tristeza, logo penso que
ilusão, nuviosas pessoas correndo para o
precipício diversas até mesmo com vício.

Estou descrente da existência dessa vida,
preciso, o mais rápido, encontrar a saída,
quiçá, no bang-bang como o velho oeste,
de repente meto-me em confusão e duelo.

Vou esquiar na alva neve pego um bonde,
compro uma passagem, vou para o longe,
depois volto retorno mas não sei de onde,
vou me sentar, avisado tenho que esperar.

Esse planeta, perdeu inteiramente a graça,
não incita-me em continuar a colidir asas,
nós precisamos meditar sobre a realidade,
questionar por que tamanha desigualdade.

Qual será a finalidade do nosso trabalho?
Questiono-me sem questionar com olhar,
trabalhar para cada vez mais a riqueza, o
dinheiro, e o poder terreno, amontoar-se?

Anoiteceu, que triste e vazio, dê-me uma
bengala, por gentileza, e o que fazemos?
Depois do ouro, das joias, e dos tesouros,
e com tantos bens e valores acumulados?

Ah! Após isso, apenas o poder interessa,
guerrear, matar sem dar nenhuma trégua,
começamos calmamente a arrazoar, cada
vez mais acirrado incitam-nos a guerrear.

Não há nada mais extremo ou extremista,
de igual jeito, mais bonito, e mais sereno,
que estender a mão, a acudir um pequeno,
o auxílio é triunfante a quem está sofrendo.

O HADES

A saída é para dentro para fora a jornada é outra,
o mais importante é uma experiencia aprimorada,
por fora o ser humano pode procurar, todavia em
um emaranhado de enlaces ele poderá se enroscar.

Talvez os profetas o fossem, mais claros e óbvios,
mas a certeza de ser crucificado, ah ela era imensa,
alguns leem nem ao menos metáforas entendemos,
coitados, não os julgue, o diabo pensa que é astuto.

Velhos e condenados é ele com todos teus assuras,
criação cobiçam dominar, não perdem por esperar,
nem dominar a si mesmo, isso alcanças conquistar,
poucos conhecem os perigos dos siddhis inferiores.

Viverem, todas as suas vidas exaltando ser a única,
não precisa preocupar-se, a conta ao final, chegará,
alguns falaram, por parábolas, metáforas e poesias,
diferentes de outros que utilizaram coesa mitologia.

Se mais diretos o fossem, ao mesmo dia morreriam,
precisamente ninguém, aquela consciência aceitaria,
e passar por cima de crenças, dogmas e paradigmas,
falando somente a verdade, era tudo que gostariam?

A GRANDE BESTA QUE EMERGE DO MAR

Alguns seres estão dessa forma, não são ainda
suficientemente humanos, estão tentando, Ser,
leem, em uma escritura sobre a besta mas não
alcançam ao menos atingir o espírito do saber.

Pois saibas tu, que a besta, é exatamente você,
e ainda digo mais, isso não me apraz lhe dizer,
pois, a besta é tão besta, que até mesmo ela se
esqueces de que é a própria besta, reconheças!

Falaram-me, da essência de uma raça maligna,
ora, mas que isso estais distante de sermos nós,
olhe para a besta narcisa fora de mim sou linda
e perfeita, olhe o rosto, veja minha sobrancelha.

Além de besta, não enxergas bem, mas é obvio,
se tivessem olhos para ver como alguns mortos
disseram, conseguiria ver ao menos a si mesma,
assim depararia quem ou o que realmente ela é.

Como lemos: do grande mar vi emergir a besta.
Sabe tu o que a própria besta chega a imaginar?
Num monstro quadrúpede, esquisito de chifres
nunca antes vistos, saindo calmamente do mar.

"Das profundezas do mar, a vi emergir" penso
que provavelmente ela respira embaixo d'água,
dizer que isso é infantil, ofenderia uma criança,
vamos aguardar, essa besta, sair do grande mar.

A besta chega ao cúmulo de ser tão convencida,
que ela de si não tem ciência, a ser reconhecida,
como sendo a própria besta e sem contrapartida,
Isso sim é uma perfeição de besta em produção.

Por isso, os que cunharam esse mundo perfeito,
raciocine, dar poder a uma perfeita besta, o que
pode ocorrer? Mas, não é o que está ocorrendo,
as arrumadas bestas se eliminando e morrendo?

Ora, já aborte, não dá para ouvir mais, espere...
Vamos aguardar todas as bestas eliminarem-se,
entretanto, enquanto aguardamos por gentileza,
contribuamos com o mundo a vida e a natureza.

90 anos talvez, que sejam um pouco além disso,
imagines noventa anos de paz, amor e evolução,
compensaria pelos 5.000 de mortes e destruição,
a besta é prepotente, acha-se esperta, tem razão.

Não traze esperteza na desconstrução do planeta,
afirmo não há sabedoria rogo-vos que reconheça,
necessária, para construir e arquitetar a si mesma,
após conseguir entender e aceitar que é uma besta.

LÁPIS COLORIDO

Estive em Roma, Cazaquistão e no Inferno,
queiram abstrair ou não, e onde tu esteves,
não importas criança, na realidade, é quem
esteve, porventura, tens um lápis colorido?

Estive em Roma, Cazaquistão com tristeza,
queira abstrair, ou fiques repleto de certeza,
não importas onde esteves, és sua fortaleza,
um dia essa criança cresce eu tenho certeza.

CHAPÉUZINHO VERMELHO

Quantas arruaças, nas belas praças,
quantas amálgamas nas duras ruas,
quem estão nas praças, e quem são
os que estão às ruas não somos nós.

Nós estamos dentro de nossas casas,
não podemos, se quer sair às praças,
é difícil, é periculoso ou inoportuno,
causa constrangimento, sair noturno.

Ora, se as pessoas de bem não estão,
trancafiadas em suas casas, trabalho,
quem está às ruas, calçadas, praças?
Não lhe conto poderia dar um conto.

Chapeuzinho vermelho, poderia ter
ficado em sua casa, talvez, sozinha,
e aguardado lhe visitar a vovozinha,
mas era ansiedade com impaciência.

Por isso ela se mostrou sem ciência.
Porém, o chapéu logo diz vermelho!
Quiçá, jaze azul, amarelo ou branco,
com um incauto em lugar o acalanto.

Se, estivesses fazendo seus deveres,
não havia inventado outros afazeres,
ora, parece-me que a vovó não tinha
apetite eram doces... doces... doces...

MEUS SAPATOS VERMELHOS

Meus sapatos são vermelhos mas meus ternos são azuis,
almejaria de pisar na terra porém meus olhos me cegam,
vejo fadas, redemoinhos, cataventos, o céu está obscuro,
mas ainda é diurno não é noturno esforço-me para rever.

Mesmo com pouca visibilidade há poeira, suor no vento,
o vento assopra ao meu derredor, as nuvens estão baixas,
às escuras, os relâmpagos e os raios tingem o chão cinza,
sem nenhum para-raio nem ser humano nós vemos mais.

Habitantes no planeta tempos atrás é para mim tanto faz,
és melhor é a Terra desabitada do que mal acompanhada,
que se virem os ladrões, homicidas e vilões, dessa gente,
mal-amada aqui jaze milhões e não são nossos anfitriões.

Para amar não há mais ninguém será que foram ao além?
Tens somente tu e eu, e no aquém não acessa o ninguém,
o infernal, exterminou todos os demônios não preocupo,
e onde eles estão, como assuras, porém em outro mundo.

Que seja um mundo perigoso e bravio, assim como eles,
e que matem-se uns aos outros e renasçam todos os dias,
denovo, a beira de um esgoto, para denovo poder matar,
num ciclo eterno poderem estar que nunca hão de enjoar.

MORO NO CORPO

Se a Terra deserta ficar e tu não tiverdes onde morar,
saiba tu, que em teu próprio corpo tu poderás habitar.

Cheia de areias, montanhas de ventos, e tempestades
que só te arranham outras pessoas que se foram tarde.

Então ajuízas porque vivo devemos continuar, a vida
não deve ser percorrida de uma maneira a se manejar.

A inovação é recolher todas pragas de uma plantação,
é triste, vazio e sombrio, o que conta é vosso coração.

Podes fazê-lo contornar lindo, como o vosso interior,
o Jardim do Éden quem cria, és vós com vosso amor!

A METÁFORA DO EDIFÍCIO

Depois de um abissal prédio,
estar bem velho e arruinado,
seus moradores, devem sair,
para que ele, seja derrubado.

Porém, alguns recalcitram-se
em sair pois adoram estar ali,
devido a todas as lembranças.

O sentimento apego, faz-lhe,
perder a vida, fé e esperança.

Fique calmo, não insatisfeito,
seu prédio, não tinha defeito,
como foi erguido é desferido.

Habitantes que aspiram ficar,
digam adeus para abandonar,
como um novo e segundo lar,
a Criação há de confeccionar!

O REAL TEATRO

Um sistema perfeitamente armado,
o palco, já encontra-se inaugurado,
os atores, igualmente posicionados.

Tudo não só transparece muito real,
mas, complexamente muito surreal,
para sua bucólica formação pessoal.

Houve uma briga, um assedio, uma
discussão uma agressão, desafeição,
aprenda com esse anfiteatro aluvião.

É só ofereceres vossa plena atenção,
artisticamente perdoe a todo elenco,
de pronto são da tua carne, lamento.

Siga a vossa existência absolvendo,
todos juntos, continuamos amando,
nesta arte, perdão vai se aclamando.

E vós, todos os dias, estais errando,
no palco da vida, vamos acertando,
não engane-se que estejas amando.

MEU TROCO É O BEM

Uma vida com dor ou uma vida com mais amor?
Só depende de cada ator, o seu próprio dissabor,
é isso que estamos a experenciar atrizes e o ator.

No grande palco da vida existem personalidades,
existem algozes, heróis, tristes, felizes e ferozes,
outros maus mas a recompensa é sempre no final.

Para cada persona, a história não foge ao normal,
assim sendo, tenha uma exímia formação pessoal,
em todos os atos a vida, sejas contínuo e habitual.

E os atores bons, logo de palco trocarão, enquanto
os maus presos num ciclo infindável com os maus,
pois, é assim com espelhos, Deus comporá o final.

O DONO DO FILME

Uma vida, várias peças no tablado com DOIS AMORES.
Não troque tua vida, por teus PRINCÍPIOS e VALORES.
Como está difícil para o dono filme encontrar bons atores.
Com quem possa ele contar, e que não destrua o nosso lar.

NÃO LEVE A VIDA A SÉRIO

Não leves a vida tão a sério, vós não irás saíres vivo dela.
Esse é o jargão de um ser sem inconsciente sem formação.
Porém, a vida é inteligente, ela sabe onde mexer, na gente.

Não leves a vida a sério, para machucares o próprio irmão.
Não leves a vida tão sério com relação ao trabalho aluvião?
Porquanto, tome ciência tu que a vida, ah, ela é inteligente.

Não leves a vida tão a sério, e seriedade, também não terás.
Se não a levas a sério ela entenderá e tu o sabes o que será.
A vida é inteligente, augusta, astuta, és a tua própria ajuda!

Não leves a vida a sério, então correrás o risco de perdê-la.
Não leves teu labor a sério, então desempregado tu ficarás.
Antes de vós nascerdes, ela, não estava ausente, já existira.

Não leves tua esposa a sério, então desposado logo estarás.
Não leves a vida tão a sério que nem mesmo ela te levarás!
E depois que tu morreres, a vida sabedoria há de continuar.

AS TRÊS COLUNAS DA VIDA

Sob o tripé desta fulgurosa vida,
nós, gostaríamos muito de estar,
nestas colunas sempre apoiados,
nós seremos fieis para sustentar.

O Conhecimento e o Anfiteatro,
fidedignamente, tens interpretar,
e o vosso Santuário em 24 horas
vós conténs o tempo para cuidar.

O conhecimento nós adquirimos
com a experiência e a disciplina,
a prática vem, através do mundo,
não é complexo a junção de tudo.

Teu santo e esplendoroso templo
significa esse, teu próprio Corpo,
por isso não seja tu indisplicente,
transfigurando num quase morto.

A VERDADEIRA EXCELÊNCIA

O que tu queres que pratiques,
sempre faças isso, o perpetrar,
pois, somente, nesse costume,
a excelência, podes encontrar.

Não fiques assentado aluvião,
pratiques, o amor e, o perdão,
porquanto, a vida é um Palco,
e o prêmio, poucos o levarão.

Não vos desanimes na subida,
na estrada perceberás neblina,
no entanto tendes una descida,
que verás ao dobrar a esquina.

O que vedes é o que imaginas,
o futuro alçado com disciplina,
enquanto tua vida não termina,
eleves voo o presente é a saída.

SUICÍDIO

A tire com amor, e beije com ódio e raiva,
não é assim que deves continuar aniquilar?

Sua espingarda protegendo teu patrimônio,
tem mais valor que uma VIDA a ser tirada.

Por isso, tu não consentes em ser roubado,
mas, não recalcitra-se em tirar uma VIDA.

O que lhe foi roubado poderá ser restituído,
não fique pensando em teu próprio umbigo.

Mas VIDA, depois que de alguém é tirada,
é ao mesmo tempo o tiro no próprio ouvido.

LUNÁTICOS SÃO FANTÁSTICOS

No palco da vida, você se controla,
mas não destruas tua personalidade,
injustamente, por nenhuma esmola.

Das disciplinas tu deves apreender,
do vosso templo, deverás perceber,
mas, preste atenção ao vosso dever.

Talvez, seja isso difícil, de se fazer,
pinta loucura, assim como estranho,
uma consciência, de breve tamanho.

Quer dá vida a um tanque de guerra,
esta ciência não poderá ser moderna,
voltada para o mal, isso me amarela.

Esse não pode ser cunhado de louco,
como aqui nesse mundo ele corajoso,
a consciência, é o bem, e está aquém.

Coragem para tornar-se um salvador,
isto sim, é uma coisa fora do normal,
deveras não adentrar em teu racional.

Mas pensar em algo que possa ajudar,
a difícil tarefa só louco pode amparar,
se, ajuda abrolha, avocam de lunático.

O FUNDAMENTO

O pensamento, é tudo,
com, a racionalização,
criaram-se os mundos.

E, quando não pensas,
nem ainda ousas falar,
que orbe poderás criar?

Será bom que não crie,
a seguir terás de cuidar,
e não queres participar.

Principiastes esse fado,
mas não queres ajudar,
só ajuízas, o locupletar.

Por isso, erga tua mão,
levantes vosso martelo,
e inicies tua fabricação.

SE NÃO PENSO DEIXO DE EXISTIR

Quando não penso posso ouvir a voz de Deus.
Porquanto, quando penso posso dizê-la, adeus.
Os pensamentos são maravilhosos, e criadores.

Mas com o não pensar é que consigo clarificar.
A razão não és absoluta, e a intuição nos ajuda.
Da mesma forma quanto a existência, é ilógica.

Pode existir algo que não sejas tão cronológico?
Enquanto satisfazer-me com adágios, não serei.
Se penso, logo existo, deixo o ajuízo inexistirei.

É impressão a existência só existe em si mesma.
Para ensinar quem vive neste admirável planeta.
E, se não mais existo talvez veio a compreensão.

AS ÚLTIMAS SEMENTES

Uma só nuvem enevoada, pesada, baixa e turva,
permeia todo o planeta nos deixando às escuras,
todas as pessoas que restaram da grande guerra,
não conseguem ver nenhum céu azul, nem terra.

O Sol a Lua as estrelas, meramente esvaeceram,
os dias as noites ninguém sabe onde se meteram,

se irão surgir algum dia, até lá, já se esqueceram,
todos somos sobreviventes, não mais dissidentes.

Temos que esperar a grande nuvem turva abaixar,
que cobre o planeta condensar e temos de confiar,
provavelmente habitares em um planeta sistêmico,
havemos de vivenciar a vida conseguimos escapar.

ACREDITE

Todos sigamos avante sem desesperar,
um novo Planeta haveremos de iniciar,
será bom, glorioso e não teremos nada,
e sim muito criaremos para nos habitar.

Todo, será de tudo e de todos os iguais,
e as condições do planeta, serão irreais,
nem imagine ao menos tentes imaginar,
que a mente concebe não pode apreciar.

Será diferente, isso lhe posso asseverar,
acredites ou não só pende teu caminhar,
faça coisas certas e no lugar podes estar,
no lugar censurável podes, te machucar.

A SABEDORIA

Se, tu lês essas palavras, e não às alcanças,
não se preocupe ou fiques sem esperanças,
nem tudo na vida tem um sentido presente.

Nas circunstâncias aguerridas farão sentido,
as grandes artes da vida é entender e aceitar,
e a outra ampla arte de viver é saber esperar.

Nem junto com todo o pecúlio desse mundo,
estas exímias virtudes, vós poderás comprar,
a pachorra é adquirida, da ciência de esperar.

A aceitação és apreendida de não se aceitar,
o entendimento só vem, quando não pensar,
por isso, a sabedoria, se germina ao praticar.

ASCENSÃO ESPIRITUAL

Se tu queres vos ascender,
e fazer alguma parte valer,
que lhe caiba como a arte,
em sua evolução intrigaste.

Ascender em alguns fatos,
tu tens, que saber do trato,
porque isso irá lhe remoer,
sorrir, lacrimar, descabelar.

E, não somente por dentro,
vós te irás em contorcer-te,
e nem mesmo com aflição,
conseguirá, lhe socorrer-te!

SEXTO SENTIDO

A audição, com o olfato,
a visão, paladar, e o tato.

São todos cinco sentidos,
e nenhum, sem substrato.

Do ser humano hodierno,
pensou se fossem quatro?

O universo apenas falado,
nunca, jamais imaginado.

Um ser humano, honesto,
com sentidos aumentados.

Parece, que tudo deve ser,
a nós muito bem aclarado.

A VOZ OCULTA

O que é o corpo humano esforço-me para trilhá-lo,
quem está dentro dele que não consigo imagina-lo?

Pondero com ele pergunto a mim mesmo e não sei
quem está a falar, todavia, entenda quem pergunta.

É o mesmo que vos escutas sua voz é de si mesmo,
essa ninguém escondes, se entenderes, entendestes.

Se não abarcastes não serei eu que irá vós explicar,
agora mesmo tu podes sentar e contigo te ponderar.

JULGAMENTO

Quaisquer seres e racionais,
teus semelhantes de loucos,
costumam os nomenclaturar.

Já cansei de vos adverti-los,
se vós o chamam de loucos,
para o lugar tem de partires.

De vós, tu o podes imaginar,
simplesmente com um olhar,
o que eles, examinam pensar!

OUTRA REALIDAE

Essa noite, tive um sonho,
mas sei que não foi sonho,
fora tudo muito real ilusão.

Em outras realidades que,
não há nada normal relato,
quando altera-se o espaço.

Se a dimensão alterara-se,
todavia, sua fala locupleta,
e a comunicação completa.

O universo não é ardiloso,
nem falando com a morte,
ele poderá ser contencioso.

Sua linguagem é um norte,
para salvar-lhe justamente,
de quem conspira a morte.

E eu digo não meu senhor,
somos nós que conjuramos
em nosso próprio desfavor.

Pois o universo e a criação,
estão habilitados, antemão,
a ajudar a qualquer ancião.

Porém, queira ser ajudado,
entre vós em alinhamento,
que surge, sincronicidades.

A FACE DA LUA

Estou trabalhando de segunda à domingo,
para ver se torno-me uma pessoa sorrindo,
em anteposição a diversão, férias ou folga.

Muito menos o tal de celular, ou televisão,
somente no trabalho, permaneço enfocado,
persisto todos os dias, a não ser ludibriado.

São muitos aceiros e tamanhas armadilhas,
que podem distrair-me, na exígua patifaria,
parei, pensei e não sei para onde estou indo.

O único fato que sei é que o estou sentindo,
exatas sementes semeando, nesse caminho,
eu vou é a pé, pois não sei quando termino.

Tão-só estou fazendo o que a encafifa vida
está me exigindo segui-la para não me ferir,
a vida não é ruim nem má ela é como o rio.

Acurado, para não afogar se cair seu navio,
a força está em seguir o fluxo remando aos
poucos, e a dor logo vem levamos um soco.

Devemos considerar, e com calma arrazoar,
a vida está ansiando do seu feitio perguntar,
para que possas, no caminho correto trilhar.

Preso em um quarto vejo os dias e as noites,
mas prefiro as madrugadas sem teus açoites,
se houvesse apenas nada, podias eternizá-la.

Uma neblina surreal cobrindo todos prédios,
as estrelas são meu teto, a luz, a mim chega,
através da majestosa tão flutuosa Lua Cheia.

O brilho do Sol reflete através da face lunar,
trazem seus espelhos suas energias castiçais,
agora seus alentos ridos, são todos, telúricos.

A MULHER E O HOMEM

Será que o coração do homem
e da mulher são mesmo iguais?

Estando separados um do outro,
eles podem transformar eficaz?
Se não existe amor entre homem
e mulher para que foram criados?

CATARSE

A vida, pode tornar-se estranha
sem um objetivo claro ou justo,
principalmente desdenhando-se
de todos os confortos e do luxo.

A depender do que vós estais a
apenas visualizar em teu futuro,
acenda esta chama fique seguro,
de repente, tu o verás no escuro.

Depois da vida, não recebemos,
de jeito nenhum qualquer pista,
dessa forma deveremos, sutil e
perspicaz, encontrar outra saída.

Verifiques o teu maior objetivo,
tenhas convicção que encontrou
porque, quais objetivos briosos,
tu podes com teus olhos almejar?

Se tu és, aquela mesma persona,
e não consegues metamorfosear,
metamorfoseie, o vosso interior,
num desígnio vivo leal de valor.

Descubra os livros, e tranque-se
em um pequeno quarto e labore,
o divertimento da mesma forma,
que ele vem ele também morre!

É um ciclo infinito que absorve
a sede de quem bebe e não sacia,
tendes de absorver todos os dias,
e necessitarás de doses ousadias.

Todas as vezes mais altas e isso
equivale, para todos os peraltas,
rimar, sem mais saber que rima,
não me faz, uma espantosa falta.

O interessante, é compreender,
como a vida logo nos enaltece,
quem semeia nunca se esquece,
também, sabe fazer muita falta!

NOTAS MUSICAIS

Quantos eventos fúteis nós arquitetamos,
fatos espúrios, coisas supérfluas e inúteis,
segundo a própria natureza da eternidade,
se tu soubésseis que tudo que realizasses,
ressoaria como o som, no infinito tocado,
que tu és instrumento não uma paisagem.

Todas células, partículas, e cada palavra,
do presente às eternidades são emanadas,
ecoa através da sua palavra não altercada,
o universo entende que vós está enviando,
a nota musical, tocada transfere pulsando,
através, de impulsos frenéticos escutando.

Para quando a tua própria órbita se findar,
masterize-se aquilo que ousou demonstrar,
o cosmos enigmático inacabáveis criações,
se tiveres capacidade receberes oscilações,
contrário, o universo retornar-lhe-á aquilo,
que emitistes, pois, ele não está te punindo.

AQUARELA

Nos desatinos, inconstantes da existência,
pude perseverante clarear à compreensão,
de quem lhufas quer lhufas pode apetecer.

Em qual objetivo, estarei a me intrometer,
se, no entanto, amanhã mudar-me-ei e ele
já não mais fará sentido sequer me conter?

Asseguro-vos que não tenho objetivo certo,
estou suavemente levando a vida por perto,
porque sei que dela não sou o mais esperto.

Todos meus desígnios adjudico ao Criador,
porque, sei que E'le é infinitamente maior,
e a sua consciência, é pura como o Eu Sou.

Sigo concluindo os ciclos e girando a roda,
arrazoando verdade, sem levar a vida torta,
mas não cinjo a existência sem experiência.

Porém, tenho amaina consciência de que o
trabalho do homem é reajustar sua ciência,
suas inverdades e apoderar-se da paciência.

HÁ VENENO NAS PRESAS

O Juca, João, José e Joaquim,
surgiram numa festa mas não
encontram, nenhuma mulher.

Eles saíram correndo afoitos,
pois, além disso não toparam
no caminho nenhum biscoito.

Não havia dia somente a Lua,
mas disso os quatro J. Manés,
não sabiam, ainda continuam.

Até Jeca Tatu, é mais esperto,
debulhando o seu milho seco,
próximo ao aprisco ali quieto.

Em seu tamborete na sombra,
pitando fumo de cabeça-seca,
com a palha, nativa do milho.

Enquanto os quatro J. Manés,
só viviam bêbados e sorrindo,
nunca sóbrios mas enganados.

E nessas arranjaram confusão,
com grã-fin da grande cidade,
mas na veracidade era ladrão.

Deu gatilho, um em cada um,
todos pegaram no meio peito,
J. Manés, não restou nenhum.

E a confusão, movida por ela,
mulher mata mais que novela,
sorridente e leda ilesa saiu ela.

O ÓCIO E A MORTE

Caí das escadas estava
dentro do porão, ainda
havia o grande alçapão.

Parece que esse planeta,
está querendo visar-me,
uma, determinada lição.

Ou, ascendo às escadas,
ou abato-me ao alçapão,
todavia ficar ali estático.

Permanecerei sem visão,
todavia, no escavo poço,
a claridade, é um sufoco.

FAÇA O QUE PUDER!

Numa manhã, numa tarde,
ou numa noite ou em uma
das elevadas, madrugadas.

Só carecemos, de um lápis
e uma borracha para pintar
nossa vida além disso nada.

Com matizes que imaginar
podemos a nós nos adornar
sei, que difícil de imaginar.

Todavia, vossas cores vão,
metamorfosear, entretanto,
não penses, que fácil serás.

THE END

Um giz de cera uma unha,
podem pintar a vida, com
tamanha alegria e ternura.

Para que ficar bravo, para
que irar? Se vivos estamos
e que podemos recomeçar.

E se morremos? Por que a
pressa? Sabemos que vida
infinita o logus nos oferta.

Nesta arte, somente adote
a vida, só siga o teu curso,
a vida, seu caminho curto.

LUMIAR

Um carrossel, um girassol,
a florir as matizes cintilam,
afunilando os raios do Sol.

Inclinando-se a Luz a nós,
espalha-se brilhante como
nas campinas de girassóis.

Por que continuares tristes,
se a tristeza já fizestes aqui
o que tinha cargo de fazer?

O PESADO

A argila, não espera,
um novo amanhecer.

Nas mãos do Oleiro,
o barro tem de fazer.

Se tu vives dormindo,
não consegues, viver.

O CIDADÃO MODERNO

Como poeta, poderei ajuizar,
sobre mil maravilhas em um
milhão de frases, interpretar.

De planícies exuberantes tão
sublimes em suas sutis asas,
de peculiares viram-se casas.

Da condensação de icebergs,
como impávidas cordilheiras,
formando lindos lagos azuis.

A neve tão suave se esvaindo,
em um espetáculo seduzindo,
em nosso caminho, reluzindo.

Todavia, que isso adiantaria,
ou, que felicidade nos traria,
no romper de todas auroras?

Se tu, não consegues sequer,
te levantares porém teus pés
controlam teus pensamentos.

Vós, não és mais fortes que
os vossos sentimentos então
segures bem firme aí dentro!

O RETORNO CHEGA

Nossa, ai que preguiça gostosa,
enquanto uns amam a preguiça,
outros, amam o esforço na roça.

Depois de vossa filha a preguiça,
apenas lhe sobrará aquela inveja
que tu gozas e falar pelas costas.

Isso que emanas para o universo,
é o que vós trazes a oferecer-lhe,
adentro tua mente fica o espelho.

A PERÍCIA

Estou, raciocinando para o bem,
com esse pensamento vou além,
vou criando o desígnio convém.

De não ser, mais um ludibriado,
que vive na esquina embriagado,
pode até ter alguém ao meu lado.

O objetivo, é comprar um carro,
e mal sei conduzir, para o diabo,
advirás logo, um carro capotado.

CONHECIMENTO PARA QUE

Já escrevemos poesias, já escrevemos quase de tudo,
passar a vida aprendendo pode parecer-lhe, abstruso.

Todos nós ensinamos alguma coisa para esse mundo,
mas, vamos aprendendo, isso não lhe parece confuso.

Quem vê o objeto é quem nota e não é o interpretado,
quero saber de charadas nessa vida, sejas complicado.

Não fui eu quem a criou, sem lhe dar a compensação,
a vida, não é minha, nesta arte a respeito sua decisão.

Alguns, batem em seu peito e exigem, o seu respeito,
esse pobre mísero, onde chega todos acham suspeito.

Olhe a mim aqui deitado, com esse ventilador ligado,
tenho o controle em minhas mãos, não sou derrotado.

Fumando o cigarro, a casa está um lixo e toda roupa,
está suja, porém, todos os dias o lixeiro passa na rua.

O RECLAMADOR

A existência, é uma constância de imagens e movimentos,
através do macrocosmos podes notares que estais sabendo,
não percebe nada quem não olha do si mesmo para dentro,
quando tentar notar alguma coisa, só lhe resta julgamentos.

Portanto, adiante teu curso, a fala não serve, para um surdo,
o cavalo só se amansa quando o senhor, as rédeas lhe puxa,
cuidado que ele está chegando, continues deitado, pastando,
dentro de ti, só há reclamação, teus conceitos é mera alusão.

A reclamação é um espúrio de uma pessoa sem consciência,
que quer levar a vida, impelindo, suas falácias de penitência,
esse sujeito, mesmo se lhe deres os mundos ainda rezingarás,
profere para ele resolver sozinho, pois de mim não duvidarás.

O PREGUIÇOSO

De tudo o que me arrepia é o tal de álter ego,
esfacela as pessoas, sem ninguém, por perto.

Não incomoda ninguém quando não tá perto,
da sua língua sai maldade da sua boca fétido.
Não que isso não sou orgulhoso nem coitado,
não sou melhor nem pior que alguém do lado.

Está tudo bem, quem criou essa diferenciação,
foi muito além da sua imprópria conceituação.

Nós, não somos iguais sob a mesma condição,
isso quem me garante, é meu singular aluvião.

Mas no pódio o primeiro lugar dos vitoriosos,
dos campeões, os preguiçosos, não assentarão.

BANDEIRA BRANCA

O azul, o amarelo, o verde e o branco,
são cores, que os poucos bandeirantes,
estipularam para o seu máximo pranto.

Dominemos autoritariamente a brando,
subjuguemos as tribos, povos, mundos,
mataremos, continuemos no submundo.

Uma bandeira significa uma batalha, o
patriotismo com o patriota no comando,
só servem para dar lugar a um governo.

Imagine se não houvessem estandartes,
não haveriam as guerras e os combates,
e todos poderiam, transitar sem alarme.

As bandeiras nasceram dos estandartes,
que representavam o rei, e sua família,
esturdiamente no campo de carnificina.

Essas bandeiras com seus simbolismos
camuflados e a população é ludibriada,
não é do país, não é minha e nem é sua.

Aquilo que é nosso é nossa consciência,
está conosco e não nos pode ser retirado,
aprendestes na escola, erga tua bandeira.

Pois tua obrigação ir para o fronte matar,
que da televisão, com a bandeira na mão,
até, impropriamente, o patriota, é um cão.

FALÁCIA

Ah! Gostaria, de ter uma espingarda,
bem armada com cartuchos enchidos,
e deixá-la aqui dentro do meu abrigo.

Porém minha pretensão, não passaria
da pureza em resguardar minha visão,
por isso, eu tenho espingarda aluvião!

PASSAGEM

A vi passar em muitas outras passagens,
a vi passar mas sem nenhum verificado,
a vi passar parecendo, uma locomotiva,
a vi passar mas não a encontrei em nada.

Ela passou por mim em outras histórias,
também passaste em mim noutras vidas,
como estava fascinado eu não vi a saída,
foi desse jeito que perdi minha biografia.

MINHA FACE

Espirituoso olho no meu reflexo
ao espelho, aquele refletido não,
sou eu, tombei à terra de joelhos,
nada em mim consigo visualizar,
pois, ao contrário o reflexo estás,
meu eu de verdade onde acharás?

Seu lado direito é meu esquerdo,
meu lado esquerdo, é seu direito,
será que esse espírito é tão ruim,
que nem com direito ele é afim?
Ele, é provavelmente que me vê,
não consigo ser, um legítimo ser.

O FRUTO

Da Terra Deus fez nascer uma bela grama,
enquanto no profundo do teu ser há trama,
questionastes o que podes nascer de você?

MACACOS ME MORDAM

Ontem chupei uma laranja,
estavas ótima, uma delícia,
mas não alcançava que era,
uma camuflada, armadilha!

[atenção, naquilo que fazia]

Enquanto, absorvia o suco,
enorme macaco me mordia,
era minha imprópria mente,
não deixando dar, a devida!

O MATO

Em nossa humilde roça existe,
coruscante paz, e muito amor,
ainda bem quase ninguém vê,
o que guardo em meu tambor.

O mato, jaze um lugar de paz.
O mato, também, tem o valor.
O mato é puro sigilo e eficaz.
O mato, tudo o que eu queria.

O mato com esse ar ventilado.
O mato, com ar puro ou forte.
O mato sinto em seus cabelos.
O mato, também, esse cheiro.

O mato, com paz e harmonia.
O mato, sutil não há covardia.
O mato para mim é realização.
O mato até mesmo de coração.

APARÊNCIA

Olhe para mim e me veja!
Pena, você não tem visão,
de raios x, ou ultravioleta.

Não, consegue ver quem,
aqui dentro me frequenta.

Por isso, olhe aqui dentro,
e me vejas por favor mas,
não saias correndo amor!

TUDO

As coisas,
são mesmo
assim.
Enquanto,
elas
são assim.

A NATUREZA É SÁBIA

Os vikings eram mais que reis,
seus pseudo nomes, proferiam.

Naqueles tempos, assassinar,
não era tudo que conheciam.

Espirituoso! Seus opositores,
nascerem em sua genealogia.

Provavelmente, eram queles,
que sem a piedade os feriam.

137

Um morador de rua, ou,
aquele catador de papel.

Morando, num viaduto,
um dia foi um coronel!

A vida te devolve tudo,
ela antes sabe ser cruel!

AVIDYA

Um ausente rei alguns
gnomos o gato voador,
um canguru e cabritos,
talvez, seus lavarintos.

Existindo em um país,
designado maravilhas,
ausente a consciência,
saber justamente nada.

Uma rainha guilhotina
ao trono, se assentara,
coroada realeza, mas,
sem nenhuma, beleza.

Governança é o medo,
qualquer sem segredo,
a IGNORÂNCIA sua
patroa, ceifar pessoas.

PROSA APROPRIADA

As uvas são vermelhas, as girafas cor-de-rosa,
não levanto daqui sem lhe dar nenhuma prosa,
a prosa que lhe dou, não é uma conversa fiada,
nem irá fazer tu saíres daqui sem saber o nada.

[nós iremos agora, para o centro do picadeiro].

Pois tempo é minha vida, também meu salário,
por isso minha fala provocar-lhe-á, e os vários,
desculpe não se irrite se quiseres saio primeiro,
se for para falar bobagens e realizar palhaçadas.

CHARNEIRA

O mundo é um verdadeiríssimo idiota,
cuidado menino você tem a boca torta.

Mas tua fala é verdadeira, não arredas,
vês o mundo do jeitinho que te espera.

O SELETIVO

Eu, como carnes,
eu como, de tudo.

[Como o mundo]

Como cadáveres,
fritos congelados!

SOMOS NATUREZA

Alcoolizado nessa vida pareço eu,
por me importar com a população,
destarte moramos no mesmo chão.

Não evoluiremos senão afinarmos,
com mãe natureza, nos iniciarmos,
à ela que nós temos que apurarmos.

Olhe para dentro de ti compare-se,
com os outros animais será que há,
diferenças entre homens anormais?

Descanse um pouco vossa mente e
busques um pouco de paz, e vedes
tu és moço, com uma mente sagaz.

Imagines tu um animal que acabou
de receber raciocínio, será que ele,
com raro tempo, terá seu domínio?

FOTO

Eu, gosto é daquela França,
Óh! A pequena torre, eiffel.

Quero seguir tirar uma foto,
postar como sou importante.

Estive na paris, é escaldante,
porém nas favelas eu não fui.

[Estive em Paris].

EVOLUÇÃO

Uma égua e dois cavalos,
vivem bêbados em bares,
retiraram suas ferraduras,
hoje pisam de duas patas.

A HUMILDADE

Eu vou contar uma história para você,
mas, é possível que tu saibas de todas,
ah até próprio aquelas não inventadas!

Entendi, saberes de tudo és vossa sina,
exatamente por isso teu ouvido jamais
desatina e vossa língua nunca se afina.

Dizem que o jerico não prende com o
que é inteligente, porém, o inteligente
consegue aprender até com o jumento.

SEROTONINA

Aquela casa era linda e cheia de frutos,
frutos espalhados por todos os lugares,
aah... era realmente belo aquele pomar.

Porém, eu prefiro é matar enfiar a faca,
no peito, do inocente porco, sangrando,
para ver, seus olhares, ficarem brancos.

Depois, poder queimá-lo, e pôr à mesa,
com vossa cabeça cortada na geladeira,
mas não importa sua gordura é gostosa.

OS TRÊS MUNDOS

Uma torta de maça ou uma torta de cereja,
outra torta de uva, dentro de uma bandeja,
todas, disfunções no homem, são desejos,
comer e mastigar são sempre seus anseios.

Tem três mundos em que o homem vence,
um deles é justamente, no parar de comer,
são três os mundos, os quais, o ser interno
encontra-se inserido esse é o seu caminho.

O físico, emocional e também o espiritual,
se puderes vencer nos três, não cairás mal,
mas, de todos o que prevalece, é o mental,
esse mundo é por uns dito como espiritual.

MAYA

De repente mas não era de repente,
de repente foi meu sentido ausente,
quando dei por mim é que fora tão
de repente o ciclo não está ausente.

Ascenderam à luz e foi o processo
cadente foi devagar não de repente,
vimos o nascer do sol, mas ele está
vivo, ora, se ele nasce, nasces vivo.

As luzes nasceram, fez-se a manhã,
a oportunidade nasce, ela não és vã,
tens vinte e quatro horas, o próximo
dia a luta teus esforços és as buscas.

Aos raros, ascenderam-me, às luzes,
pude ver pois anteriormente não via,
a luz demonstrou minha sombra isso,
era tudo o que sabia, não reconhecia.

REPITILIANOS

Ontem sem almejar, vi um lagarto,
interessantíssimo símbolo chistoso,
um lagarto, significaria um lagarto,
um ser humano constitui, o lagarto.

FIQUE QUIETO

Tenho a integral ciência, da minha observação,
todavia, observado por quem perguntar-me-ão,
com esta sociedade nas circunstâncias que está,
por que, logo um escritor passariam a ressaltar?

Ah! Disseram-me, dependendo do que escreves,
se estes textos trouxerem consciência não breve,
prejudicar-se-ia não somente aquele que escreve,
aos olhos de qualquer pessoa que não enxergues.

Desta arte, queimaram-se indistintamente livros,
consequentemente, proibiram-se, muitos outros,
à época de outrora, não diferes, dos dias de hoje,
são as mesmas famílias, só alteraram seus rostos.

A FLOR DE DENTRO

Aqui, na minha feroz e aguerrida Juazeiro,
não vi uma singela flor nascer no canteiro,
todavia, da minha cacimba eu me orgulho,
como ela traz o sustento, e o meu acalanto.

Todas as terras tem as vossas dificuldades,
em algumas violência, nas outras vaidades,
acredito, que só quem nasceu, em Juazeiro,
pode sentir-se um cabra-macho de verdade.

Trata-se de um homem justo quão honesto,
que não teme a verdade nem nosso agreste,
chuva vem quando precisa esse é o segredo
para viver aqui se quiser lhe forneço a dica.

A adaptação firme e contínua é nosso forte,
por isso, camaleão não é um bicho de sorte,
acrescentado que esse não é um tal mistério,
para uma inegável evolução sem necrotério.

Nesse planeta excêntrico não é o mais forte,
nem é aquele que conquistou por pura sorte,
alguns aguerridos querem mudar o exterior,
desmatam, cobiçam, matam e não dão valor.

Mas lá fora pode não haver alguma fina flor,
mas na adequação do homem eu dou o valor,
olhe aqui dentro de casa, veja nosso coração,
de tanta simpatia pode até ganhar tua afeição.

O MARINHEIRO

Bravejando estão a boca e a voz do mar,
ondas abissais, faltam pouco nos afogar,
a muitos dias, atormentado em alto-mar,
um marinheiro velho, veterano e audaz,
intensamente, jamais sabe se irá chegar.

Imagines um dia todo sem enxergar luz,
suportando fome, sede, frio que conduz,
aqui cada um possui a equânime função,
pois este poderoso navegas, sem aflição,
se quiser aportar, carece de organização.

Toda esta vida dedicas a um marinheiro,
calhei a vida sozinho mas nunca solteiro,
o imprevisível mar é nosso companheiro,
resistência sagaz que aprendi, devo a ele,
na existência eu naveguei sou marinheiro.

O CASTELO DE NOTTINGHAM

Espúrias astúcias, no mudo Castelo de Nottingham,
sem desafios para a vida era o que eles inventavam,
cavaleiros embriagados e donas em seus bochornos,
os arqueiros e pescadores, é óbvio, estavam de olho.

O rei de contínuo embriagado, com a coroa de lado,
a boca suja de várias carnes, condessas e meretrizes,
na verdade, amavam o pecúlio que auferia às atrizes,
todavia, sua arte era viver sem fazer coisa nenhuma.

Na floresta depois dos grandes muros onde ficavam
os subúrbios, o povo não tinha roupa de igual modo
passavam fome, o esgoto a céu aberto e o cheiro de
de tão podre que exalava longe, matava lobisomem.

A população não sabia como a vida no castelo seria,
porquanto, ouviam os gritos, gemidos e vergastadas,
promiscuidade estava as soltas não haviam desafios,
ou qualquer espécie de trabalho, isso que acontecia.

Adveio naqueles tempos que o homem sem desafios,
acabou tornando-se um ignorante era tudo que sabia,
o rei com várias esposas e esposas com seus amantes,
imagine o que advinha atrás daqueles muros gigantes.

PRESO NUM LOOPING

Necessitas continuares vivo,
vosso tempo é subestimado,
tu careces encontrar a saída.

Saias agora desses loopings,
todo dia na mesma situação,
sem encontrar qual questão.

Se, nenhuma decisão tomar,
a saída do Ciclo deve achar,
que infinitamente ele girará.

Pois ele virá repetidas vezes,
até lhe ensinar o que precisa,
parece que furou o seu disco.

Ora, até mesmo que o tempo,
definitivamente lhe estagnou,
deixando tu ficar aprisionado.

A prosaica terceira dimensão,
se não encontrares que saiam,
doutras formas, repetir-se-ão.

Falecer aqui, não és a solução,
necessariamente tu tens agora,
que passar, a seguinte posição.

Pergunte-se no exato instante,
pare tudo que estiver fazendo,
e agora não deixe para depois.

Entendais o que vos bloqueia,
e permaneceis introspectivos,
é exatamente do que precisas.

Num relapso o tempo-espaço,
repercutindo de outras formas,
lhe desenrolar de vários laços.

HIERÓGLIFO

Na cidade grande, é feito
com um nem sei cangote,
a filha do dono da venda,
tirou de dentro seus olhos,
uma pequena que pressão,
flechou apenas o coração,
com um feixe, das areias,
aquela é espreguiçadeira,
ligavas até outra romeira.

Eu vi uma boca e grande,
vi também boca pequena,
todo mundo fica sentado,
com preguiça pé na terra,
o repente veio um tubarão,
saiu andando e segurou-a,
e disse vamos ali comeres,
é um lanche para nós dois.

Com essa nuvem desabou,
e ela bateu suas asas voou,
asa de morcego era grande,
conde drácula nem falaste
que gostava, bateu o poste,
vi do outro lado o espelho,
após aquela rápida, morte,
continuou sendo morcego,
mas que mulher sem sorte.

RESOLVA-SE!

Um veículo amarela preta anil,
ficou preta, mas ninguém saiu,
nós estávamos lá do outro lado,
lendo um texto lúdico dobrado,
totalmente sem rumo e abstrato,
fiquei cátodo, ânodo com raiva,
o nervo desceu aquilo não fazia.

A nosso gosto vão se debatendo,
e fiquei chanato igual um louco,
mas sem querer em um cascudo,
escorreguei e acabei bati dentro,
da cidade um povoado um poço,
a vida, não parece transparente,
faço-me cego de ver sã verdade.

Para estagna toda a gente anda,
mas a culpa não é minha solta,
pois nunca assumo a obrigação,
vá fazer o seu trilho na verdade,
pois dentro de todas distrações,
no luxo todo mundo fica preso,
é uma covardia mas nós vemos.

O SENTIDO DA SUA VIDA

Ali atrás da toca voe doce cigarra toca,
azul a bexiga preta o azul que brilhante
cor-de-rosas qualquer cor nada mais te,
importa que o importante é o teu vinho
tu voe sem bater uma asa voe e de lado.

Voe de banda voes de qualquer jeito vi,
sem se implicar com a música do covil,
a tontura és nobre e faz a saúde da casa,
caístes em medial aos matos sacudindo,
com uma corça sua única é excepcional.

Perna torna que o folclore mais chistoso,
que é vós o saci quem sou eu até ontem,
não queres saber de nada vais despertar,
mesmo e fazer tudo e sair tributando os
outros de louco, e fico bem arrebentado.

É louco mesmo com a fé sem vontades,
porque arriscar manipular é a sua única,
arte a pilha acabou vamos fazer a parte,
com a rua inclinando todos as chamam,
que isso não é tolice como compreender.

O raciocínio abstrato se nem um contato
tenho o Criador o céu ama que engenho,
desperte neném desperte o neném agora,
tu compras uma rédea, para pôr no anjo,
bater suas asas a nuvem saltou foi parar.

No meio do mar o céu até parou aah foi,
é minha cabeça chuva trovão ventai sim,
não apenas mas tudo de um jeito no fim,
vi que ignorância minha meu o não seria
tudo é o tudo, aquilo o que eu, não sabia.

A ARCA DE HAON

Raciocinei um pouco e raciocinei profundo
do que atina estás tu aprisionado no mundo,
um job que resolve vou-me, mas foi antes?

Vocês assistem novo episódio da vida vive
destruída o druida não tem nada a ver aum
mas culpa do gnomo pode não ser também.

O mordomo a culpa não é minha pode ser é
toda sua barriga tia minha está roncando dê
com você falando vou comprar roupa tenho.

Muitos às mas ai estou com o emocional G
balançado não fizeram o que eu queria vou
crucificar falar mal fico aliviado cera cinza.

Saindo do meu ouvido olhai para que avião
desabando está superar o pensamento e um
ser humano muita gente está ouvido olimpo.

Pensamento é a coisas mais pura olhai osso
ternura por isso não consegue ele raciocínio
em outra coça adjetivar não porque aquela a.

Motivação deixa o animal aprender e depois
sem razão o que que vem mas com isso não
ganhas nem um vintém olha meu bolso cem.

Humn não tenho pecúlio mas está tudo lá no
banco bem guardado castelo de areia morreu
subiu a ribanceira do fogo ah que tinha poço.

Sofrimento não é sufocou morreu o que tem
o pensamento é moderno olha sua roupa que
óculo escuros banca isso é revolução mental?

Agora acho que vou passar mal chove volve
falar de tempos sei que pensamento isso cai
pra dentro olhos só que borrasca tem função.

Raios relançando mas por fora que sou linda
a ternura acima do raciocínio mas não existe
nada claro é só o que dá pra eu pensar e vejo.

Outra cosa assim acima lo pensamiento você
por girar não compreender o sentido que não,
faz menor sentido para você somente porém.

Vós não podes interpretar muito menos ainda
pior decifrar nem mesmo a própria existência
sem confiar entender mas de nada disso você.

Quer saber é diversão até a Arca fechar antes
acabou seu tempo e fora dele ah não também
não acredito após o acontecimento é que és tu.

Irão chorar se arrepender mas tarde já demais
chovestes e alagastes não adiante pegar remo
abates o tempo também só resta-me dar adeus.

GALÁXIA

Aqui as coisas são assim, a gravidade, ela te puxa para baixo,
e você que tem que se virar não quer, não fica aí, o que pode?
O que há na existência além do pensamento, já imaginastes o
existir além da imaginação e se acabastes, não há mais nada?

Daqui, para que vós possas saíres e se quiseres, terás que vos
mover o sistema solar está parado ou estático no bar solvendo
e vós água-que-gato-não-bebe vendo o urubu bater suas asas,
o homem, é tão pequeno que de tão pequeno, nem lhe alargas.

Está sempre apegado à coisas que não vale consumir palavras,
o homem é tão pequeno, de tão pequeno que não está sabendo.
Até onde tu podes ir com vosso pensamento, até onde? Tente!
Mas tentes o máximo do máximo do máximo que vós puderes.

É.. Aqui as coisas são assim queres vós querias ou não queiras,
não fostes tu quem criastes e por isso vós ambicionas dominar,
pegar para ti não é verdade? Ah, é tão pequeno que dá até dor,
no silêncio silencie silenciosamente silenciando grande mente.

E mesmo assim com vosso pensamento se pensares pois ainda
tem os que não arrazoam imagine, isso é menor que ser menor,
arrazoando até onde vós irias para materializar a concentração?
Era tudo o que querias ter que levantar cedo e levantar sempre!

Acordar cedo, adormecer tarde mover os códigos da existência,
mesmo sem a vontade, aqui a gravidade, ela te puxa para baixo,
é assim mesmo, queres vós queiras ou queiras não queira viver,
não fostes vós quem cunhastes esse mundo de tão bela natureza.

Ou fora tu e nós estamos enganados se fores diga-nos obrigado?
É... Aqui as coisas são realmente assim e se não vos apeteceres
da vossa maneira de birra, esperneie, golpeie as pernas e chores,
vós tendes a passar as fases, sair do looping e fazer a roda girar,
se não quiserdes está tudo bem, permanecerás preso aonde estas.

A GRANDEZA DO SER HUMANO

Não são abstrusos, talvez teus pensamentos,
tenha limites por esses tempos então iremos
só imaginando, criar um raciocínio tentando.

Em uma galáxia conhecidamente Via Láctea,
chegando próximo a 400 bilhões de Estrelas,
seguida, é claro, por 200 bilhões de planetas.

Não deixaríamos de fora o intenso Universo,
e não iremos aproximar nem aos Metaversos,
compondo as centenas de bilhões de galáxias.

Ainda, no Universo, isso resultaria em quase
10 sextilhões de Sóis, que são todos Sóis, lhe
iluminando, porém, não como alguns de nós.

Isso não deve ser visto como uma estimativa,
entretanto, és uma possibilidade menor ainda,
a trivial quantidade possível, de ser calculada.

Com o pouco que por teus olhos é visualizado,
quero ver se isso o seu cerebelo poder calcular,
quem nem sua própria vida consegue controlar.

Pensas que é absurdo o bom mesmo é ser rico,
só isso não lhe basta, vós queres ter o domínio,
todo este sistema montado nada vai ficar de pé.

Penso em dominar os 200 bilhões de Planetas,
e ainda minerar, todo e qualquer dos Cometas,
tu não entendes ainda quem realmente eu sou?

A Torre de Babel, foi apenas uma adivinhação
de mitologias e simbolismos que não entendes,
levo tudo ao pé da letra, é ficarei nesse planeta.

Agora vai dar certo colocar nossa consciência,
que não é muito grande mesmo dentro do chip,
aí tu não morrerás, ficarás para sempre infinito.

Ah... Se soubéssemos o suficiente e não muito,
ao menos viver, conviver nesse belo globo azul
de magníficos, incomensuráveis verdes oceanos.

Será tão difícil pensar na perfeição dos animais,
e parar de maltrata-los das formas que tu o faz?
Éh... Agora é certo que dá para saber um pouco.

Quais tipos de seres, encontram-se camuflados,
por detrás das vestes humanas, de onde vieram,
ora, mas isso vós não desejas nem vamos saber.

Vá para frente que para trás devem haver outros,
hum... mas disso, todos nós sabemos um pouco.
Será que entendi bem? Se não entendeu amem!

SUA DÍVIDA COM O PLANETA

Batalhas, aguilhões, guerras e mortes,
não entendo quem pode tirar do fruto
da terra para construir armas, guerras.

Da mesma forma que constroem-se as
armas poderiam ser construídas vidas,
todavia aqui não se vê nenhuma saída.

O aditamento, da própria humanidade,
que sofre, com suas próprias vaidades,
constrói-se o tanque, para uma guerra.

Conjuntamente transformar essa ideia,
faremos com as pesquisas ser humano
para a humanidade, ir se solucionando.

Quando o corpo está enfermo extingue
os maus agentes se regenerando muito
lentamente, sem pressa, de ser ausente.

A regeneração do ser humano, é igual,
da nobre tão doce Terra que o exilando,
maus agentes, aos poucos vai asseando.

Significando com isso o início, de uma
primavera, da qual, não será esquecida
em que todo humano, será reconhecido.

Transforme teu interior quem é egoísta,
para a mãe terra não tem valor e com o
tempo receberá de volta o seu desvalor.

PLANETA DOENTE

Já imaginastes, tente, imagines,
tudo em todo o mundo pode ser
inesperadamente, transformado.

O que nós gastamos com guerra,
poderia para nós ser empregado,
em adiantamentos estabilizados.

FREEDOWN

Límpida é a verdade, não há poder, não
existe ordem, não há ninguém poderoso,
somos nós que doamos o nosso poder a
qualquer um do povo, podem subsistir?

Governantes autoritaristas de povos e os
ditadores, os matadores, sem que azadas
pessoas doem este domínio aquela outra,
ficando todos subjugados, a uma pessoa?

Os maiores déspotas que existem apenas
possuem poder que lhe é concedido pela
sua mente, mormente, é através do medo,
da ameaça da destruição e sangue quente.

Agora pense um pouco somente, acabar
com o medo e a covardia de nossa gente,
o que eles iriam fazer sem gentes? Matar
a todos e ficarem sós dentro das mentes?

A história poderia ser uma magia, porém
as pessoas doam poderes com a covardia,
e por fim acabam perdendo o que tinham,
e encontram-se numa verdadeira patifaria.

Estão estabelecidos os poderosos que são
a união de todos os pequeninos nervosos,
deixam-se, ser fascinados e esperançosos,
querendo obter o poder de qualquer modo.

Os governados não o pretendem ter união,
preferem ficar discutindo, sem a obtenção,
de nenhuma ou qualquer lídima condição,
que melhore a vida da cômoda população.

Percebes, o amedrontado e o acovardado,
que não levam suas vidas, com seriedade,
porque união é um reflexo da sobriedade,
pode curar, qualquer tipo, de imoralidade.

Somente, quando germina um audacioso,
uma flor, que nasce em seu próprio povo,
crucificam-no logo, e o ladrão, fica solto,
poroso que tu dizes que somos os loucos.

Quando na verdade, verdadeiros audazes
buscando sempre, entoar a veridicidade,
que nos retira desse abismo de aleivosias,
vivendo todos uma sociedade de fantasias.

O FIM DA SEPARAÇÃO

Toda minha toda sua, assim
que careceriam ser as coisas,
em todas as ruas, totalmente
sem cercas sem as fronteiras.

Jean-Jacques Rousseau, não,
poderia estar equivocado foi
essa, a primeira celeuma, da
nossa nova atual humanidade.

Nasceu disfarçado foi aquele,
que primeiro chegou, em um
pedaço de terra, ali sentou-se
disse nem amarrado não saio.

Imagines como poderia ser a
sociedade, outro mundo, mas
as pessoas só querem vaidade,
pensar outro jeito é bobagem.

O orgulho, é um grandíssimo
covarde, não contemos tempo
para arrazoar outros modos de
uma significativa coletividade.

Suas adequadas satisfações são
tudo, satisfazem até os desejos
mais espúrios, como humanos,
vamos destruindo esse mundo.

EINSTEIN

As leis da natureza, naturais,
as leis dos homens artificiais,
é isso que o ser humano vem
tentando arranjar, imitar toda
criação, sem menos preparar.

Entretanto, digo isso mas não
para lhe acariciar, que as leis
hominais tu a poderás passar,
todavia, as leis naturais, para
atrás jamais poderás ludibriar.

Mas, impossível vós serás, as
leis naturais, não conseguirás
aplacar, uma lei de gravidade,
ainda muito menos, a grande
de responsabilidade, regressa.

Ainda tem aquele artificioso,
que acha-se mais esperto que
o outro, por burlar as normas
e também as regras, por dizer
ser um astucioso está no lodo.

Esse, na escola não penetrou,
pois, foi exatamente Einstein,
quem nos lecionou, para vida
ele nos mostrou que toda ação
em contrário sua reação gerou.

PESSOAS SÃO ENERGIA

Desde quando vós pensais que
as pessoas são realmente o que
os animais elas aparentam ser?
Porque tu as julgais e tanto faz.

Os seres humanos aluvião, não
são o que vós vedes com estes,
olhos murchos, fracos e que se
cansam com extrema facilidade.

A criatura que vedes é energia,
corte pessoas de vossa vida e o
que não serás covardia, estarás
a expurgar, uma grande magia.

O corpo que vedes não possui
anima sem o teu alento, que é
o teu sustento, a energia que é
seu brilho, existindo aí dentro.

Inclua pessoas em vossa vida,
e estarás a criar uma egrégora
de pura energia, um guerreiro
ou um preguiçoso, sem saída.

Se, vós pretendes ter saberes,
escolhas bem, quais energias,
as quais tu queres conviveres,
energias são os atos dos seres.

CRIADORES

Por que tu vens à mim,
nessa hora, já sem fim,
tão-somente para pedis?

Digo-vos que peças a ti
e a ti próprio, lhe podes
com teus atos consentir.

Convidas a ti aquilo que
pedirias a mim, pois tua
vida é um início sem fim.

JANELAS DAS ALMAS

Uma mulher e um homem não
unem-se sem ter um propósito.
O homem e mulher podem até
unir dois corpos mas dentro de
seus espíritos deve haver norte.

Não é difícil apreender, a união
de dois corpos apenas por prazer.
Mas será, que vale a pena sofrer?
Pois quem ama um corpo, pode,
amar vários, até um óbito trazer.

Porém aquele que ama o espírito
esse só pode ser velho conhecido,
tenhas, tuas escolhas, com calma,
para enamorar-se veja pela janela
pois elas, são olhos, daquela alma.

VALORES

Uma mulher que se valoriza não
expõe teu corpo pela brisa, pois
ela está se vendendo, a imagem
aos precários vai se desfazendo.

Quanto à mulher vulgar, não há
o que ressaltar, isso nada falarei,
não há nada o que compartilhar,
uma ideia dessa pode até atrasar.

A mulher banal, não se valoriza,
e o homem que está com ela, só
quer se pegar uma brisa porque,
acha que a conquistou é tapeado.

Diferente da mulher séria e fina,
pode-se dizer que é uma grã-fina
na arte de viver essa se valoriza,
ela não está à troca nem à venda.

ROMANCES COEVOS

Nesses romances interesseiros,
o que vale mesmo é o dinheiro,
depois, perguntam-me, porque
um bardo celibato está solteiro.

Olhos nos olhos da pequena, já
entendo, a priori, seu problema,
coloco as duas mãos nos bolsos,
dou as costas, e saio feito louco.

Pode até parecer triste, mas não
se trata de revolta, após adentrar
numas dessas é quase sem volta,
pois caminhas com tua vida torta.

KURINGA

Não for pra viver um fato sério,
preferimos ficar sem pesadelos,
porque, a mulher é um mistério,
que eu a decifro, num tabuleiro.

É um dos perigos de nossa vida,
dizia meu velho avô que falecia,
a mulher mal intencionada mata
mais, que homem com covardia.

Porquanto não só com o homem,
deves vós que adotar o verificado,
pois dentro de cada mulher existe
também, o ser humano ludibriado.

Não é à toa que a criatura humana
é possuinte de duas faces, a exata,
só com o tempo que é demostrado,
não penses tu ser um pobre coitado.

QUEM É O ANIMAL?

Intrépidos e sagazes são todos os animais,
mas o homem na natureza não os observa,
para ele tanto faz, fico procurando defeito
neles enquanto em mim não conserto mais.

Se a adequada natureza estas em evolução,
alguns homens pesam que formados estão,
estejas no teu canto e preste muita atenção,
tua formação só acaba, ao caíres no caixão.

Para a própria terra como alúvio os animais
são seres tão inocentes, mas, felizmente eles
tem nada e pouco para aprender com a gente,
imagine um cão, com um sorriso no coração.

OLHO NO OLHO

Que calafrio pensar ainda me dá agonia,
eu, que o ser humano é tão ruim poderia,
ser extremamente alguns, uma covardia,
mas, abraçam sorriem e viram as costas.

Conversam com o os outros desejando a
pessoa morta e ainda se dizem corajosas,
mas não tem coragem de se assentar, ter
uma prosa e quando tem, fica de costas!

Não sabes tu, o que fazes multiplica-se?
No entanto o homem parece masoquista,
sem amor para que te haja contrapartida,
esperai dor és justamente o que alastrou.

Depois vira para o universo e diz que és
um infeliz, então escolha bem as vossas
sementes, para que fiques sem a cicatriz,
não te lamentes com o revide do que diz.

OLHARES CEGOS

O ser humano é cego de fato,
por acreditar, naquilo que vê,
com seus olhares, estragados.

Encantado o Narciso por sua
aparência se entusiasmou, no
instante teu aspecto o driblou.

Viver de aparências, és como
assistir a uma novela, parece
ser sina, transitar dentro dela.

Seus corações, encontram-se
tão distantes da verdade que,
enxergam o luxo e a vaidade.

Alguns, e não escassos ainda,
podem perguntar naquele dia,
e minha riqueza onde estaria?

E como faria para lhe avistar?
Enxergue a ti olhando para si
mesmo e tudo há de clarificar.

Contemplando teu ser, que se
reconhece o verdadeiro olhar,
e teus defeitos podes censurar.

O INQUILINO

O corpo humano é uma veste para
o HOMEM que mora adentro, sua
aparência, podes estar no figurino,
e ali dentro ele não está evoluindo.

Porquanto, altere o vosso interior,
que são estes, o verdadeiro valor,
tuas vestes, quando fores embora,
abandone-as enterradas, por favor.

IMITADORES DA MORAL

O ser humano atual é um ser tamanho amoral,
que necessita de Leis, para regulá-lo como tal.

Mas chegará o dia em que ele houver evoluído,
que não precisarás das Leis, para ser corrigido.

Menos ainda de governante para ser humilhado,
na arte-final cada um será o seu próprio reinado.

Pois, o ser humano será um ser justo e honesto,
por isso, corrija agora, teus defeitos desonestos.

Respeitando as leis, a moral, a ética e a ordem,
para ser ao menos nessa vida, um sujeito nobre.

Pois ela não será de forma alguma tomada de ti,
nem mesmo em seguida da vossa própria morte.

Fora justamente isso que ocorrera com Sócrates,
ousaram furtar sua dignidade e ele jaze Sócrates.

DIÁLOGO INTERNO

Os Poetas poderiam ser menos complexos,
igualmente, com relação aos pensamentos,
suas cantigas, suas crônicas, e seus versos.

A grande questão é que estão quase todos,
olhando para fora e acreditam cegamente,
em suas retrógradas e fracassas memórias.

O que estais observando por dentro do ser,
não há sinais de diálogo sobre isso outrora,
apenas uma reflexão, resolveria isso agora.

Depois, que alcançares o que tens de fazer,
não deixes isso que tempo não irá resolver,
destarte, sua oportunidade ela tende correr.

A oportunidade, pode ser análoga ao tempo,
depois de passada não resultará teu lamento,
saibas, exatamente, o que se passa aí dentro.